Lost en el GABACHO

el chiste es joder

Marisa Ramírez Tavera

SÉLECTOR

actualidad editorial

Lost en el gabacho
Marisa Ramírez Tavera

© Amelia Guevara G. / Amazing Design Studio,
diseño de portada

SĒLECTOR
ACTUALIDAD EDITORIAL

D.R. © Selector S.A. de C.V., 2018
Doctor Erazo 120, Col. Doctores,
C.P. 06720, Ciudad de México

ISBN: 978-607-453-548-8

Primera edición: agosto de 2018

Impreso en México
Printed in Mexico

ÍNDICE

La vida en el Gabacho

Omar Chaparro

Como muchos de ustedes saben, hace casi un año que decidí, junto con mi familia, irme a radicar a Los Ángeles. Parecería una decisión sencilla, pero no lo es. Para empezar, mis tres hijos me reclamaban el hecho de que los alejara de las familias, tanto la mía como la de mi esposa. Claro, lo entendía perfectamente: los abuelos, los tíos, los primos… que tanto apreciamos y procuramos los mexicanos. Y la familia que escogemos, o lo que algunos llaman los amigos. Sí, fue muy duro dejar en la distancia a todos ellos. Noches y días me la pasé con la culpa en lo más hondo del pecho.

A eso añádanle llegar a un país en el que ciertos políticos no nos quieren, pues peor pintaba el panorama.

Cuando llegamos a este país, las costumbres y los hábitos nos parecían un tanto alejadas de las nuestras. Por ejemplo, les cuento que no sabíamos que las fiestas infantiles son más cortas que las de México: mi esposa organizó el cumpleaños de Natalia, y se dio cuenta de eso cuando los niños le preguntaban: "¿a que hora termina la fiesta?", y ella contestó: "a las 8", tan tranquila, y los niños gritaban de felicidad y asombro. Claro, también se escandalizaron un poco cuando al soplar las velas del pastel todos gritamos: "¡mordida, mordida!", y embarramos de merengue la cara de mi hijos, todos emocionados. Los papás gringos no sabían si llamar al 911 o taparle los ojos a sus hijos. Ah, sí, un detalle: tampoco creo que les hayan agradado mucho los dulces que elegimos: pelones, tamarindos y chilitos, ¡porque queríamos compartir un poco de México!

Por eso, cuando descubrí —gracias a mi esposa— a Lost en el Gabacho, me sentí identificado de inmediato. ¡No saben cuánta razón tiene Marisa cuando habla de las "fiestas" de los gringos, de cómo conciben la educación de los hijos, de sus costumbres de comprar, de trabajar…!

Me siento afín a Marisa porque coincidimos en varias cosas: mexicanos que vienen a este país en busca de más sueños, con hijos en pleno crecimiento, quienes además se adaptan muy rápido al estilo de vida, a hacer amigos, a acostumbrarse a su nueva escuela, al idioma… No que uno, ya adulto, nos cuesta trabajo el *inglish*, lo andamos masticando, y eso a veces resulta frustrante. Nos cuesta más relacionarnos con los adultos gringos, adaptarnos a nuevas maneras de ver la vida…

Con todo y eso, también hay que decir que, más allá de los políticos, estamos en un país donde su gente nos abre la puerta —a su manera, por supuesto—, nos recibe, nos… iba a escribir arropa, pero la verdad sí son muy fríos en su trato. Pero con todo eso, acá estamos, perdidos en el Gabacho, cumpliendo nuestros sueños y adaptándonos a un nuevo mundo.

Marisa, Lost en el Gabacho, me encanta que estés rompiéndola en tierras gringas, haberte conocido, saber que hay mil caminos distintos para triunfar y que el tuyo fueron las redes sociales gracias a que un día ya no aguantaste más, tomaste tu celular, le diste grabar al video y nos enseñaste lo que viven millones de mamás. Sin duda tus experiencias, tus opiniones tan sincerotas, tu forma de expresarte tan neta, sin doblecaras, sin hipocresías. Las cosas como son, chingao.

A Conchis, mi mamá, quien me enseñó que los obstáculos se saltan diario con una sonrisa y muchos huevos.

A Mauricio, mi marido, quien siempre creyó en mí.

A mis hijos, Luciana y Rafael, porque son lo que más amo en esta vida.

¿Cómo CHINGAOS se me ocurrió Lost en el Gabacho?

Cuando me preguntan qué me impulsó a comenzar mis videos en Facebook (si estás leyendo este libro sin saber que todo empezó en esa red, entonces métete, busca Lost en el Gabacho y dale *like*), siempre contesto que por casualidad. Sin embargo, después de algún tiempo he logrado comprender que en realidad lo traía en la sangre: crecí entre libros, letras, museos, presentaciones de libros… Mi padre, Rafael Ramírez Heredia, fue escritor; mi mamá, directora de museos. Ese licuado sabrosísimo me permitió tener acceso a muchas aventuras y pláticas con personas que fueron dejando semillas dentro de mí.

Soy abogada por decisión y durante muchos años ejercí mi profesión, hasta que tuve que irme al gabacho (leer siguientes páginas, por favor). Ahí me convertí en ama de casa y me di cuenta de la chinga que significa esa chambota. Entonces, un día que *el Guapo* (¿sigues sin ver mis videos en Facebook? Anda, ve, te espero) ya me tenía hasta la madre, decidí hablar de mi experiencia públicamente, con la idea de ayudar y decirles a las mujeres que merecemos ser felices, que durante generaciones nos han machacado que tenemos que ser buenas hijas, buenas esposas, buenas madres… como un pinche taladro en la cabeza. Muchas se convencen de ello y olvidan que tienen una vida, que no pasa nada si un día no eres la mejor esposa y mandas a la mierda al marido; tampoco ocurre nada si te cansas de tus hijos y les das un cereal en lugar de huevo con jamón; que si un día te vas al cine sin las crías no te hace ser desobligada de tus tan machacadas labores de mujer; que jamás deben quedarse en un matrimonio por el qué dirán o porque dependen económicamente del marido; que antes de ser esposa o madre tuvieron una vida.

Gracias a mi profesión, trabajé en un albergue para mujeres que viven violencia familiar. ¡Me involucraba hasta el tuétano con esas mujeres humilladas, sobajadas, golpeadas, y tenía ganas de sacudirles el cerebro para que se dieran cuenta de que ininguna mujer merece eso! Desde mi trinchera personal encontré la forma de expresarlo de un modo divertido. Mis videos, entre bromas y veras, han provocado un despertar a muchas mujeres, ya sean amas de casa, trabajadoras de oficina, casadas, solteras… Todas tenemos que dejar a un lado el estandarte de que tenemos que ser perfectas y buenas. Somos seres humanos y merecemos hacer lo que queramos.

Como resultado de esos videos, surgió la idea de este libro. Tal vez debo confesar que me siento escritora de clóset (sí, yo escribí este libro completito, no un negro, como le llaman los editores a las personas que les hacen sus libros a las "estrellas" de la tele o a los políticos que ni saben el título), pues siempre había tenido ganas de escribir. Ahora, a mis 44 años me doy cuenta de que no lo había hecho antes por miedo o porque no quería que me compararan con mi padre (él sí es un verdadero chingón para escribir). Pero la verdad es que siempre ha estado en mí esa llama encendida de escribir, y pues aquí les voy. Si no les gusta, se chingan.

Hoy quiero aportar desde mi espacio y con mi estilo. Jamás me imaginé que algún día sería una "influencer", pero si la vida me dio la oportunidad de expresar lo que siempre deseé, que básicamente es:

- no te quedes con el marido por monotonía, miedo o por el qué dirán;
- Somos igual de capaces que los hombres;
- si nos caemos tenemos que levantarnos hasta en las peores situaciones; la vida es dura y cabrona pero nosotras no nos rendimos.

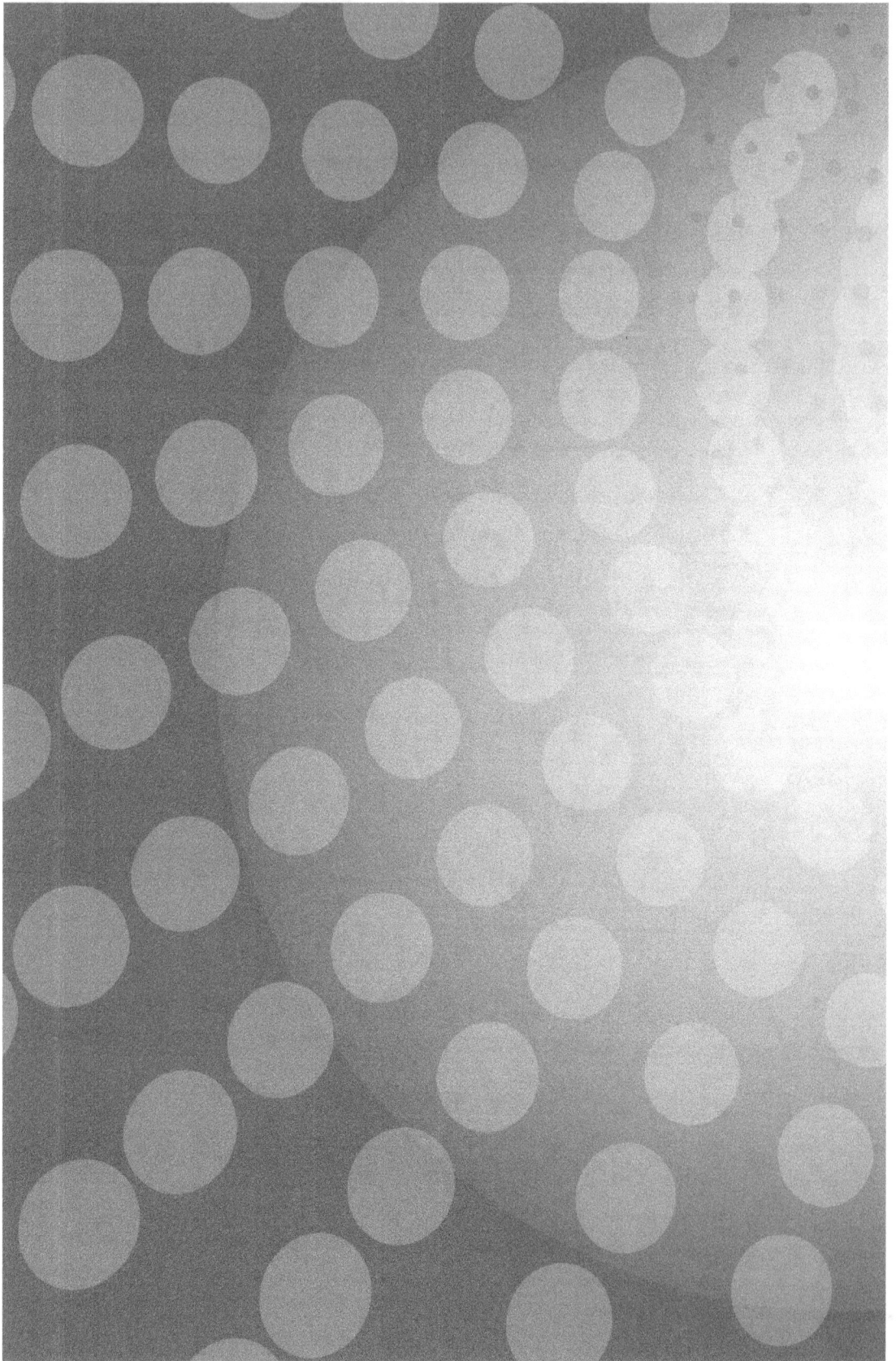

Tomaré este tren y
daré lo mejor de mí.
Con este libro espero convencerlas
de que somos chingonas, aunque
no seamos perfectas.

Deslizar, mamá, deslizar

¡Llegar al gabacho no está fácil! ¡Uta! Por ejemplo, cuando tuve que ir a la gasolinería, me creí muy sacalepunta al lápiz y ¡no mames! Es un desmadre entenderle a las bombas, sobre todo si vas de un país como México en el que el pinche gobierno es una fábrica de pobreza y por eso habrá por siempre personas sirviendo la gasolina. Bueno, cuando mi hija notó que su servidora no podía ni poner la manguera, me dijo muy sutilmente:

—Má, ¿y si mejor le pedimos ayuda a alguien?

—¡Qué te pasa, hijita, soy abogada! ¡¿Acaso crees que no puedo con esto?!

—Es que ni siquiera sabes dónde meter la tarjeta…

—¡Qué pasó, hijita! Aquí dice *slide*, que obvio es meter.

—Mamá, es deslizar.

—¡Uta!, con razón esta chingadera no sirve.

Me cagó reconocerlo, pero mi hija tenía razón: soy una pendeja, así que era momento de poner cara de "what". Volteé a ver a un texano de bota y sombrero para decirle:

—Soy extranjera. ¿Podría ayudarme? —obvio está de más contarles que con mi inglés cantinflero se me dificultó comunicarme, pero como pude, con señas, me di a entender.

El señor texano, monísimo, me ayudó. Yo le dediqué una sonrisa inmensa, muy coqueta… con decirles que ¡hasta le guiñé el ojo!

—Mamá, ¡ya ves cómo era mejor pedir ayuda! Ya no estás en México.

—¡Ni me lo recuerdes! ¡Lo tengo bien claro! Y no lo repitas una vez más que ¡agarro mis bártulos y me vuelvo a México!

Cosas tan simples
te hacen ver como pendeja...
no lo vamos a negar:
¡te sientes y eres una pendeja!

Un mensaje para los secos que tienen perrhijos

Cada día escucho a más personas "argumentar" que no quieren tener hijos: que porque son mucha responsabilidad, que no puedes ser libre, que te atan para viajar, que salen muy caros, que les da flojera y mil cosas más. Yo respeto esa opinión, aunque no la entiendo ni la comparto. Es verdad que tener hijos hace que tu vida cambie; sólo unos ejemplos: es una chinga despertarte en la madrugada porque ya se vomitó o porque está aprendiendo a controlar esfínteres y ya se meó el muy cabrón; o ya controla esfínteres, pero se va a casa de un amigo y te llaman para decirte que se rompió el hocico. Luego, un poco más grandes —ni tanto: a los doce—, empiezan a caerte mal y tú a ellos; tienen sordera testicular, no te pelan cuando les dices que tienen que ayudar a bajar lo que compraste en el súper; te hacen ojos de huevo duro porque les pides que pongan en orden su recámara…

Conforme crecen aún más, los pleitos cambian: a los 17 años quieren ir al antro y entonces negocian la hora de llegada. ¿Que no es pleito? Soy pendeja pero no exagerada: es un pleito porque les dices que a las 2 de la mañana en punto, ni un pinche minuto más; ahí está una con el alma en un hilo porque ¡ya son las 3 y el hijo de la chingada no ha llegado! Una deduce entonces que el maldito crío ya está descuartizado en un paraje lejano o que el muy cabrón está descuartizando la botella que pidieron y por eso se le olvida hablarte.

¡Qué tal cuando pide permiso para viajar con los cuates y, obvio, se convierten en los cuatro días que más sufres porque no sabes si está bien, si ya se ahogó en un río, si se rompió el "bungee" del que se aventó... Así todos los pinches días, hasta que por fin llega el momento en que se va de la casa porque, ah, ahora sí, ¿verdad?, ya es un hombre hecho y derecho, con carrera concluida, casado y próximo a tener hijos... y aquí andamos de pendejas las madres, que seguimos preocupándonos por ellos. Estoy segura de que uno se deja de preocupar... ¡el día que una se muere!

¿No me creen? Ahí les va: me acuerdo que mi hermana acababa de tener a mi sobrino y mi mamá me dijo:

—Hace mucho frío. ¿Tu hermana y el chiquitín estarán bien tapados? ¿No hará mucho frío en el hospital?

Yo me moría de risa y le dije:

—Mamá, no mames, no te preocupes: mi hermana sabrá taparse y taparlo.

Aaaaah, pero ahora que soy madre la entiendo.

Es verdad que tu vida ya no te pertenece y que harías todo por que tus hijos estuvieran bien. El materno es el amor más puro que existe; no conozco amor más intenso que el que se siente por los hijos. Si a estas personas que no quieren reproducirse les dieran la oportunidad de sentir eso tan indescriptible, tal vez cambiarían de opinión. Pero no, ¿verdad? ¡El mundo está cambiando! Ahora tienen perrhijos: los llevan en carriolas, les ponen zapatos y les hacen fiestas de cumpleaños. ¿Qué raro, no? Además, se ven muy pendejos, diciendo que es pendejo tener hijos. ¡No tienen ni idea de que es de las cosas más chingonas del mundo!

¡Ya saben, yo soy pendeja, pero amo a mis hijos por sobre todas las cosas!

Ser mujer es una chinga
y a las pruebas me remito

Un buen día nuestros padres cogen. Entonces un espermatozoide se cuela hasta el fondo vaginal y decide que seremos mujeres. ¡Uta madre! ¡Qué chinga nos pasó a dar el cabrón del esperma! Pero, bueno, ser mujer tiene su lado bueno y su lado malo. Aquí estamos para ver ambos lados, así que empecemos por el lado simpático.

Desde que somos niñas las cosas son difíciles: si te anda de mear, tienes que ir a un baño público. En cambio, un niño se levanta de puntitas, saca el pingüinito —diría mi mamá— y mea en el poste, en el árbol, en la pared… Chínguese una, porque cuando vamos a mear tenemos que bajarnos el pantalón y los calzones, pero checar que no se te bajen de más los pantalones porque, si ocurre, se te llenan de meados ajenos. ¿Sí o no? También tienes que agarrarte la blusa, si es larga, y subírtela hasta el ombligo para que el agüita amarilla no te la moje; ponerte de puntitas para no tocar el escusado y, ¡por fiiin!, hacer equilibrio para poder mear. Cuidadito si eres bajita de estatura porque ya te jodiste: seguro te llenas de pipí.

Nunca, escúchame bien, ¡nunca te sientes en la taza!, porque es lo peor; está llena de virus, bacterias, mierda… ¿Te imaginas la cantidad de gente que entra a estos baños?

Desde entonces nos quedamos traumadas con las infecciones vaginales y por eso odiamos cualquier escusado que no sea el de nuestra casa; por eso nos estreñimos… ¿No les digo?: ¡es una chinga ser mujer!

Luego viene el primer novio… ¡uta madre!, aquí sigue jodida la cosa. El novio sale y entra a la hora que le venga en gana. Nosotras —niñas bien— tenemos que llegar temprano, no beber, no mirar a nadie más que al novio, salir bien vestidas para que no nos tachen de zorras… Llegamos al antro y, como eres mujer, tienes que esperar a que ellos te inviten a bailar. En cambio, ellos sacan a bailar a quien se les hinche la gana. ¡Cuántas veces no fuiste al antro y te gustaba un chavo, pero evidentemente eres mujer y por lo tanto no lo podías sacar a bailar. Y una pendeja, porque por más que le guiñabas el ojo y sonreías, el muy tarado no te pelaba.

Ahora a mi edad me pregunto por qué carajos nosotras no podíamos sacarlos a bailar. ¿Qué tendría de malo? No por ser mujer tienes que estar esperando a que el pepinazo te invite a bailar; pero ya sabemos que la sociedad es muy dura con la mujer, empezando por las propias mujeres. Por fortuna ahora las cosas han cambiado, ¡aunque las mamás cuervo siguen existiendo y chingando!

El otro día estaba en la playa y al lado de mí había dos señoras; las típicas mamás gallina que, obvio, de los problemas todos tienen la culpa menos sus polluelos del demonio.

Señora 1: Mi Alexito ya tiene novia.

Señora 2: ¡No me digas!... ¿y es niña bien?

Yo me pregunto: ¿cuál chingados será el concepto de niña bien a que se refieren? Porque supongo que cada una de nosotras tendrá una idea de lo que es una niña bien. Por eso estoy segura de que el mío no debe ser el mismo que el de las señoras. Si no me creen, sigan leyendo:

Señora 1: Pues no sé, porque fíjate que su mamá es la señora que trae esas faldas tan cortas y que no se viste nada fashion.

Señora 2: ¡No me digas eso!, ¡qué horror!

Las niñas bien llegan temprano, no beben, no miran a nadie, salen bien vestidas para que no las tachen de zorras...

Señora 1: ¡Sí! Ya sabes que mi Alexito es bueno, pero pues las lagartonas lo siguen.

Quiero hacer una pequeña interrupción. Las mamás piensan que sus hijos ya en edad de votar son unos santos y las mujeres somos lagartonas. ¡Pues no, señoras! No se confundan. A los hombres les gustan las mujeres y ninguna de ellas es lagartona. Por mujeres como las siguientes es que sigue existiendo el machismo y seguimos oprimidas.

Señora 2: Mira, mira: ahí viene.

Las dos señoras voltearon inmediatamente. La pobre chamaca hasta bajó la vista.

Señora 1: ¡Mira nada más qué bikini trae!, y las patas tan flacas y las nalgotas… ¡ay, qué horror!

Señora 2: ¡Qué vulgar!, ¡qué desagradable!

¡No sean mamonas, señoras! Están ardidas porque ella tiene 17 y ustedes ya no se cuecen al primer hervor porque la gravedad ya hizo mella en ustedes. ¡Cómo somos cabronas! No está bien que se expresen así de una chamaca ni juzgarla por el físico o por la vestimenta.

Señora 1: Mi Alexito ha bajado de calificaciones. De seguro se debe a esta muchachita cuzca que le está quitando el tiempo.

Señora 2: Sí, así son estas niñitas de ahora.

Señora 1: ¡Pobre de mi Alexito! Míralo, tan inocente él.

Porque Alexito es taaaaaaan inocente, que la mamá cree que su cachorrito no se revuelca con la novia. ¡Sépalo de una vez, señora mamona y pendeja!: a Alexito le gusta echar faje con su novia, a los 18 años ya no es un niño. Él,

como cualquier adolescente, anda con las hormonas re-
vueltas. ¡Ah, pero como siempre, la zorra es ella y Alexito
un pendejete que se deja manipular por la pervertida de la
novia! ¡No mame, señora! ¿En qué siglo vive?

Cuando volteé y vi a Alexito, claramente se veía que no
era un hombre tímido ni mucho menos dejado; era un chavo
bien plantado que se volvía loco con las curvas de su novia;
evidentemente su mamá se salía de control por los celos.

¡Señora, pare de mamar
con Alexito! Y ustedes,
cabronas, no sean como
esas ñoras pendejas.

un inflable. A las 6 horas de haber arrancado la pachanga ya no está ni el cumpleañero, pero qué tal los compadres, las comadres, los vecinos, los amigos de los amigos, los amigos de los amigos de los vecinos… que empiezan a organizar las chelas, el bacacho, el tequila… Como por ahí de las 11 de la noche se oye la voz del compadre: "¡Qué pasó con esos mariachis que no han llegado!", y se arranca el dueño de la casa por los mariachis, ¡por qué chingaos no! Para la una de la mañana ya están todos pedísimos; que "El mariachi loco quiere bailar", que "El son de la negra", que "No volveré", que "El rey"… y no pinchefalta la comadre acomedida: "¿qué, nos lanzamos por unos tacos o qué?" En menos de una hora llegan con los de suadero, los de al pastor y los de bistekc. ¡Faltaba más, chingá! Y así hasta que les lastima el sol y entonces ya se van a jetear.

En cambio aquí, en USA, nos citaron a las 4 de la tarde. Llegamos dispuestos pos a echárnosla larga, ¿no? Bueno, ni tragamos porque pensamos que de seguro sacarían los hot dogs, las hamburguesas y las papas al horno, por lo menos. Llegamos a la chingada fiesta: que nos sirven pastel y un jugo. Nos volteamos a ver y susurramos: "bueno, esto lo sirven primero pero al rato se arma chingona la tragadera". Pasó media hora, una hora, una hora y media, y a las dos horas la pinche gringa nos dice: *"thanks for coming, see you soon"*. ¡No seas mamón! ¡Qué pedo! ¿Ya acabó la "fiesta"? Pos si apenas habíamos llegado. ¿El mariachi, el tequila, el bacacho, la barbacoa… nada?

> La pinche gringa
> nos dice: "*thanks
> for coming, see you soon*".
> ¡No seas mamón! ¡Que pedo!
> ¿Ya acabó la "fiesta"?

Aquí nada de eso. Aquí las fiestas son como suposito-
rios de plomo. Como les contaba, la fiesta duró dos horas
—maravillosas, eso sí— y nos dieron una patada en la cola y
adiós.

Yo le hice una fiesta a mi hija para que se acoplara a la
nueva escuela. Entonces se me ocurrió hacerla en un cine.
Al acabar la película, fuimos a un salón para partir un pastel.
Invitamos a más de 30 niños, pero de ellos sólo tres llevaron
regalo. Eso sí, muy bien envueltos. Al finalizar la fiesta, pensé: "qué extraños son los gringos. Sólo tres trajeron regalos.
En fin, eso en realidad no importa. El chiste era que mi hija
se integrara a su nuevo país". Para no trasladar la basura
del salón de fiestas a la casa —tienen que saber que en San
Antonio, Texas, sólo pasan por la basura una vez a la sema-

na— decidí: "uta, de una vez dejo toda la basura aquí. Así no se me llena el bote". Si bien los regalos fueron pocos, lo que sí le regalaron fueron decenas de tarjetas de *happy birthday, love you* y demás mamadas de esas. Entonces reflexioné: "puta madre, ¿para qué quiero tanta mamada? ¡Qué hueva llevármelas!", así que las tiré en el bote de basura.

En la noche, después de bañar a los chamacos, oigo la voz de mi hija:

—Mamá, ¿y mis tarjetas de cumpleaños?

Contestación de esta, su servidora:

—No mames, hijita, ¿para qué guardaba esas mierdas? Las tiré.

De repente suena un grito de mi marido, que se oyó hasta la casa del vecino:

—Guapa, ¿es en serio que tiraste las tarjetas?

Yo, todavía indignada, le dije:

—No mames, aquí pasa una vez por semana la basura. ¡Para qué guardo más basura!

Me contesta:

—Adentro de esas tarjetas venían las *gift cards*.

—¡Y eso a mí qué! No mames, no tengo idea de que sea una *gift card*.

—Son tarjetas con 20 dólares de distintos lugares para que la niña se compre lo que quiera. Están envueltas en las tarjetas de feliz cumpleaños.

—No mamen, ¡cómo chingados quieren que yo supiera eso! En México es de muy mala educación regalar dinero o tarjetas. No está bien visto.

¡Cómo chingados iba yo a saber que aquí era así! Es lo que les digo: una es muy pendeja en otro país. Hasta que no le agarras la onda es difícil. Si no, pregúntenle a mi hija, que perdió por lo menos 300 dólares en *gift cards*.

Mi marido estaba más molesto que mi hija. No podía creer que yo no supiera ese dato. Le dije:

—¿Qué piensas, cabrón, que lo hice adrede? No seas mamón.

Desde entonces me ando fijando en los botes de basura de los salones de fiestas o en los cines a ver si no hay una chingada tarjeta con dinero adentro.

En México es de muy mala educación regalar dinero. ¡Cómo chingados iba yo a saber!

Maletas

De entre todos los avatares que conlleva la vida diaria, está la de hacer las maletas para salir de viaje. En una ocasión, el Guapo me dijo:

—Guapa, no te preocupes, que yo hago mi maleta.

¡Esta su pendeja no lo podía creer! Jamas había hecho su maleta el amo y señor; pero, bueno, una siempre cree en ellos, así que le respondí que estaba bien. Claro, como soy una ilusa, subí a las recámaras y de repente oí su voz:

—Guapa, ya está lista mi maleta.

De verdad que estaba yo muy emocionada. Entonces, entré al cuarto y vi la cama llena de ropa. Pareciera que nos íbamos a mudar de casa.

De verdad que estaba yo muy emocionada. Entonces, entré al cuarto y vi la cama llena de ropa. Pareciera que nos íbamos a mudar de casa.

—¿Y ese desmadre? —le pregunté.

—Ya tengo lista la maleta —dijo muy contento y orgulloso de sí mismo.

—¡Que qué! ¿Eso es hacer la maleta? ¡No mames! Eso es tirar la ropa encima de la cama.

—Bueno, guapa… saqué la ropa para que ya nada más tú la acomodes.

Ya saben que como una es prudente, pues empecé a acomodar la ropa. Me di cuenta de que la doña María Félix reencarnó en mi marido: puso diez playeras e íbamos sólo cinco días a la playa. Agárrense: 15 camisas, 7 trajes de baños, 2 pares de tenis para correr (nunca corre en su puta vida, pero los llevaba por si se ofrecían), una chamarra (aunque vayamos a lugares de 40 grados), dos pares de chanclas (las azules y las cafés; son iguales, la misma marca y modelo).

—¿Para qué llevas dos chanclas iguales?

—Las cafés para paseos cortos, pero ya si vamos a un paseo más largo, uso las azules.

—¡Pero si son idénticas!

—No, guapa. Las azules tienen suela más delgada —dice, como si fuera experto.

—¡No tienen diferencia! ¡Son idénticas, no mames!

Pero ya saben: las manías de los maridos…

—¿Pa qué chingados llevas 7 trajes de baño?

—¿Cómo que para qué, guapa? Para que no se queden húmedos mis huevitos.

¡Es increíble que para 5 días lleve como si nos fuéramos a ir dos meses! Por eso mis maletas siempre suelen ir hasta la madre: ¡de tanta mierda que lleve mi marido!

Por fin llegamos a la playa, nos relajamos, nos echamos en la tumbona, comenzamos a voltear a todos lados, y es entonces cuando una se da cuenta de cómo somos de ardidas las viejas: pasa una timbona y una piensa: "¡qué cuerpazo tengo, la verdad!"; pero cuando giras la vista y al lado hay unas mujeronas de 60-90-60, una empieza: "ni madres, de seguro son pinches operadas". ¡No sean ardidas! Las mujeres de al lado no están operadas; son muchachonas de 20 años que se caen de buenas. Los pobres pendejos de los maridos se ponen nerviosos y evitan voltear cuando esos tres primores se quitan el top, para que no les quede marcado. El Guapo se quedó quietecito el muy pendejo. Le dije:

—Ándale, voltea, cabrón, para que veas que soy buena onda.

Hagan de cuenta que le hubiera dado permiso de tomar tres de Barcadí. Volteó feliz y le dije:

—Bueno, ya, cabrón, cierra la boca. Tampoco me hagas sentir tan mal. Ten claro que la gravedad por ellas no ha pasado. En cambio, por mí ya pasó con dos chamacos; por eso ando tapada y no ando enseñando mis miserias.

—Bueno, guapa, pero haces muy bien las maletas.

Pasa una timbona
y una piensa: "¡qué cuerpazo tengo,
la verdad!"; pero cuando giras la vista y
a lado hay unas mujeronas de 60-90-60,
una empieza: "ni madres, de seguro
son pinches operadas".

La vida en otro país
no es fácil y menos cuando
no sabes el idioma,
por ejemplo.

El Grito da hueva

Todo mexicano dice que qué bonito es el 15 de septiembre. Y, ¡no mamen!, nos sale lo mexicanos; de repente todos los hombres se ponen sus botas picudas, el cinturón grueso con hebilla de águila y sombrero —aunque por lo general, como los mexicanos somos bajitos, parecen tachuelas—. Eso nos hace sentir bien mexicanos. El pinche *Grito* nos da hueva, acéptenlo. Más bien lo que nos encanta es la peda, el desmadre, la pachanga.

Por ejemplo, México es el único país donde hacemos fiesta por el primer año de nuestro hijo… ¡no mamen! En esas fiestas, ya se fue el payaso, ya se rompió la piñata, el escuincle ya está dormido pero a nosotros los papás nos vale madre y ya mandamos a traer más barbacoa, el mariachi; el compadre y la comadre ya están bailando y les importa un huevo haber dejado a su hijo dormido a la mexicana: juntaron dos sillas y ahí dejaron a la criatura, sin suéter, sin cenar… que el hijo esté bien les vale madres. En esas fiestas "infantiles" hay más alcohol que en un quirófano. Y a ver niéguenlo: en una fiesta de un año ya se armó la pedida de la prima, el viaje a Acapulco y el aniversario de los abuelos. La fiesta dura dos días. Somos un desmadre, que para eso nos pintamos solos.

¡Qué tal la pachangota por los 15 años de nuestra flor! ¡Hipotecamos hasta la casa! ¡Pos chingue su madre!: vendemos el coche, pedimos la tanda por adelantado, el vestido lo pagamos en pagos chiquitos (por eso la hija ya es abuela y sigue pagándolo), el compadre no quiere verse codo y trae al grupo del barrio pa' que le toque toda la noche a su ahijada, los chambelanes no se hacen esperar y el Brayan les da clases de baile… no crean que es un bailarín sin experiencia, ¡no, para nada! El Brayan es el mero mero, el que le puso sus bailes de 15 años a la Rubí.

Así somos los mexicanos: para las fiestas no hay quién nos gane. No fuera para enseñarles matemáticas a los hijos, porque ahí sí nadie se ofrece. El papá —el más emocionado en los 15 años, es quien da su único discurso emotivo diciendo que su flor hoy se convirtió en mujer, que esta pequeña rosa hoy deja su capullo para volar y que jamás imaginó poder tener una hija tan bella. A ese mismo cabrón le dicen: "¿papá, me ayudas con la tarea de historia?", y entonces corre, huye como Blanca Nieves se va al bosque, para no ayudar. Ese mismo papá, si su hija le pide hacer la tarea de química juntos, le responde: "hijita, ¡no la chingues!, no le entiendo ni madres a eso". O qué tal si su hija gana un concurso de matemáticas. ¡ni la acompaña! ¡Pa' qué si él no sabe ni las fracciones! Les digo: pa' la peda México es el *number one*.

Bueno, me desvié un poco. Sigamos con el mismísimo Grito: ¿qué tal la comida? Aaaah, porque ahí también México es *number one*. La comida es básica; basta ver mi timba de pambazo y mi brazo de tamalera.

Hablemos del pozole: ¡Qué tal pedirlo con cabeza! ¡Puta madre! Tal vez por eso los hombres no piensan, porque cuando se inventó el pozole tiraron ahí la cabeza, y no hablo de la de abajo sino de la de arriba —viejas, no anden de golosas—, No anden ya de marranos y coman pozole de pollo, para cuidar el colesterol. ¿Somos hombres o payasos? Luego salen con su mamada de que "preparar el pozole es un arte" —ríanse de Picasso cuando pintaba *El Guernica*—; que primero se le pone la lechuga…

PAUSA

Mi mamá es muy pulcra y desinfecta hasta lo que no se come, porque no vaya a ser que salte una pinche bacteria a tu boca… "Mamá, no mames, las bacterias no son voladoras". Y ella: "pues quién sabe ahora, mijita, porque con tanto pesticida que le ponen a las cosas…". Bueno, pues imagínense a mi mamá chingándose un pozole en Garibaldi. ¡No jodan! Empieza: "para mí sin lechuga, sin cebolla, sin orégano, sin grano, sin caldo, sin tostada". ¡No chingues, mamá! Mejor pide aire, pero como el aire no está desinfectado pues mejor que se dé una trompada en el estómago. Ir con mi mamá a comer pozole a Garibaldi es un horror. Me voy a meter el primer bocado y me dice: "pues yo no soy ave de mal agüero, pero esa lechuga que te vas a comer seguramente está regada con agua de mierda". No la pelo. A la segunda cucharada sale con: "aaah, ten cuidado que tanto orégano te causará un aborto". ¡Puta madre, mamá, si no estoy embarazada! "Bueno, yo sólo digo." A la tercera cucharada vuelvo a oír su voz: "no sé de dónde saliste que te gusta comer pura mierda en la calle". Claro, como lleva ya diez años de viuda y ya es mayor, perdió un poco la memoria: mi papá nos llevaba a comer tacos de ojo, nana y tripa a Tepito porque ahí estaban los mejores. Los vendía en un carrito de súper que andaba por todo el Barrio Bravo; de seguro que nos ponían del cilantro del jardín, que lo desinfectaban con los meados del carnicero, porque no creo que le hubieran puesto gotas de yodo.

ACABA PAUSA

Ya te chingaste el pozole con mucho maíz y, ¡por qué chingados no!, te jalas por los esquites. Total, si te vas pedorrear pues que sea con provecho. Eso sí, lo pides con mayonesa, queso, chile, limón y, por qué no, un poco de crema para que agarre. Después de los esquites, mi hermano se sigue con un pambazo y yo me acabaría de llenar con unos buñuelos, pa' que amarre la timba.

Eso si tenemos suerte y si los hijos de la chingada de los maridos nos sacan a pasear… ¡Qué tal eso de "nos sacan a pasear"! Ni que fuéramos perros que nos ponen la cadena, movemos la cola y nos llevan al parque a olernos el culo con otras que también sacan a pasear. Me la mamé, pero bueno, sigamos.

Entonces se oye el "guapa, qué te parece si HACE-MOS una fiesta del 15 de septiembre aquí en la casa". ¡Uta madre! Les traduzco: "ya te chingaste porque tú, guapa, harás todo"; el Guapo usa el *hacemos* en lugar del verbo *haz* agua de jamaica, de horchata y de limón, porque así se ve la bandera mexicana. Ya saben: le sale lo creativo; así de creativo debería ser en la cama, porque nomás no hace nada. Y le sigue: "*hacemos* un pozole o… no, mejor unas enchiladas de esas *que nos quedan* muy bien". Pinche Guapo, ¡meeeee quedan, ca-brón!; yo las hago y tú nomás te las tragas. "Mira, gua-pa, no van a venir muchos. Invité a 6 o 7 amigos." Sí, claro, pero esos amigos traen a las esposas y a los hijos; o sea, seremos un chingo. Y dale con su creatividad: "También *compraremos* una piñata para que los niños se diviertan y de paso *inflamos* unos globos para que a las meras 11 echemos globos… tengo una idea…" ¡No, no, no! Esas ideas mejor no las digas porque seguro serán una estupidez… y sí, efectivamente es una estupidez: "a los globos *les echamos* confeti". ¡Puta madre, pensé que sólo eras pendejo!, pero con esto sí te pasaste. ¿Confeti? ¡No la chingues! ¿Para que mañana mi alfom-bra esté llena de confeti y mi casa parezca tugurio? ¡No mamar, cabrón! "De veras, guapa, que nada te gusta. Yo que quiero una celebración para divertirnos y tú de aguafiestas." No, cabrón, es que en esas fiestas nomás se divierten tú y tus pinches amigotes, mientras yo ando de chacha. Además, todos acaban bien pedos. "No, guapa, no acabamos pedos, nomás nos tomamos unos tequilas." ¡Pero de a litro, hijo de la chingada! "Nos tomamos un tequila para brindar por nuestro país." Les digo: ellos se dicen mexicanos nada más para empinar el codo.

Es como cuando vamos al Mundial —no mames, ¿vamos?, me huele a manada: se van 11 cabrones que no son todo México—. Para mi marido cuando es 15 de septiembre es como cuando México va al Mundial: ¡su sangre se pinta de tricolor! Salen estos 11 cabrones a la cancha y les juro que parece que el Guapo tiene algún familiar ahí. Obvio, él es el director técnico aunque no se mueva.

—Guapa, ven; guapa, ven.

—Sí, ¿qué pasó, cielo?

—Oye, ya va a empezar el partido, ven a ver la alineación.

—No, a mí me vale una chingada. No sé quién es quién. Mejor alínea tus camisas en tu clóset y deja de hacerle a la mamada.

Pero ya saben: una es pendeja pero buena esposa, así que me siento y empieza: "Ahora sí, ésta es la nuestra. ¡Venga, México!" Repito: son 11 cabrones pero, puta, donde uno lo haga mal, sale mi marido: "les dije que este cabrón es un pendejo que no servía para nada, pero aun así lo meten". Porque el Guapo creería que le haría caso el DT, quien además ni sabe: "no, guapa, es que yo sé de esto". ¡Ahora resulta que el Guapo sabe más que los que llevan años jugando futbol! El mismo cabrón que la cagó, cinco minutos después hace algo bueno y oyes a mi marido: "no mames, este cabrón es un chingón cuando quiere", y una de pendeja dice: "¿Pero no era el que habías dicho que era malísimo?" Me responde: "Por favor, guapa, no me entendiste." "¡Nooooo seas mamón! Si ese es el 11, el mismo que habías dicho que era malísimo". Ya mejor ni discuto porque no me pela. Le podría decir en pleno partido que me estoy cogiendo al negro de whatsapp y le valdría madres; o decirle que mi mamá se vendrá a vivir con nosotros y ni pela. En fin, esas dos horas que dura el partido puedo decir y hacer lo que quiera: le vale madre.

Señores, la verdad es que si el Grito de Dolores consistió en el llamado del cura Miguel Hidalgo a los feligreses para chingar a los españoles, este cabrón se equivocó. Tenía que haber llamado a las mujeres para sublevarse en contra de los hombres de las tareas domésticas, de la joda de planchar las camisas.

Imagínense al 'che cura Hidalgo —con todo respeto— diciendo: "Cabronas, viva la independencia de las cadenas de sus maridos."

Mujeres, abajo los hombres y arriba las mujeres. Esa posición sí me gusta... ah, ¿no, verdad? Estábamos en otras cosas... ¡Pos qué tiene! ¡También a una le gusta ponerle Juan al niño!

Señoritas, pónganse al tiro cuando se casen; que no sea con un pendejo.

Hembras divinas, pónganle a su antojo y no al de la pareja.

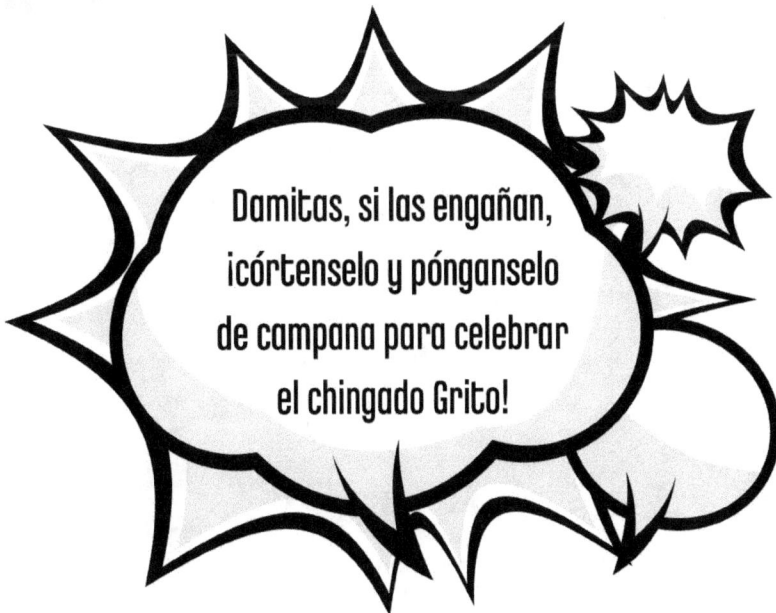

> **Damitas, si las engañan, ¡córtenselo y pónganselo de campana para celebrar el chingado Grito!**

Dicen resta y yo sumo;
dicen suma y yo multiplico;
dicen divide y lo único que sé dividir
es mi lado de la cama, respecto al
lado de la cama del Guapo.

Matemáticas aplicadas

Me gustaría pensar que soy buena en matemáticas, pero estoy segura de que tengo una disfunción en el cerebro: dicen resta y yo sumo; dicen suma y yo multiplico; dicen divide y lo único que sé dividir es mi lado de la cama, respecto al lado de la cama del Guapo. En cambio, el Guapo es como Einstein; jamás había visto a alguien tan bueno como él en matemáticas.

La chinga es que él no sabe dividir las tareas de la casa y sólo las hago yo. Como que no le salen las cuentas, como que siente que le pierde. Me dice: "yo ya hice lo mismo que tú, porque yo ya barriiiiiiiiiiiiií y tú sólo aspiraste, hiciste los baños y lavaste la ropa; yo barriiiiiiiiiiiiiiiiiiiiiiiií. Él piensa que si haces más largas las palabras sumas más labores domésticas. Por lo tanto yo hice tres cosas, pero las dice en dos segundos, y él hace una, pero, como alarga la palabra pareciera que hizo un millón. De restar, eso sí lo hace. ¡Se resta trabajo mandando a los niños a sacar la basura y dice: "lo hago para que se hagan responsables", mejor dicho lo hace para restar cansancio! En fin las matemáticas en mi casa son un tema complicado; yo no sé y el Guapo las usa a su conveniencia. ¡¡Les digo, el chiste, el chiste es joder!!

Las matemáticas en mi casa
son un tema complicado;
yo no sé y el Guapo las usa a su
conveniencia. ¡¡Les digo, el chiste,
el chiste es joder!!

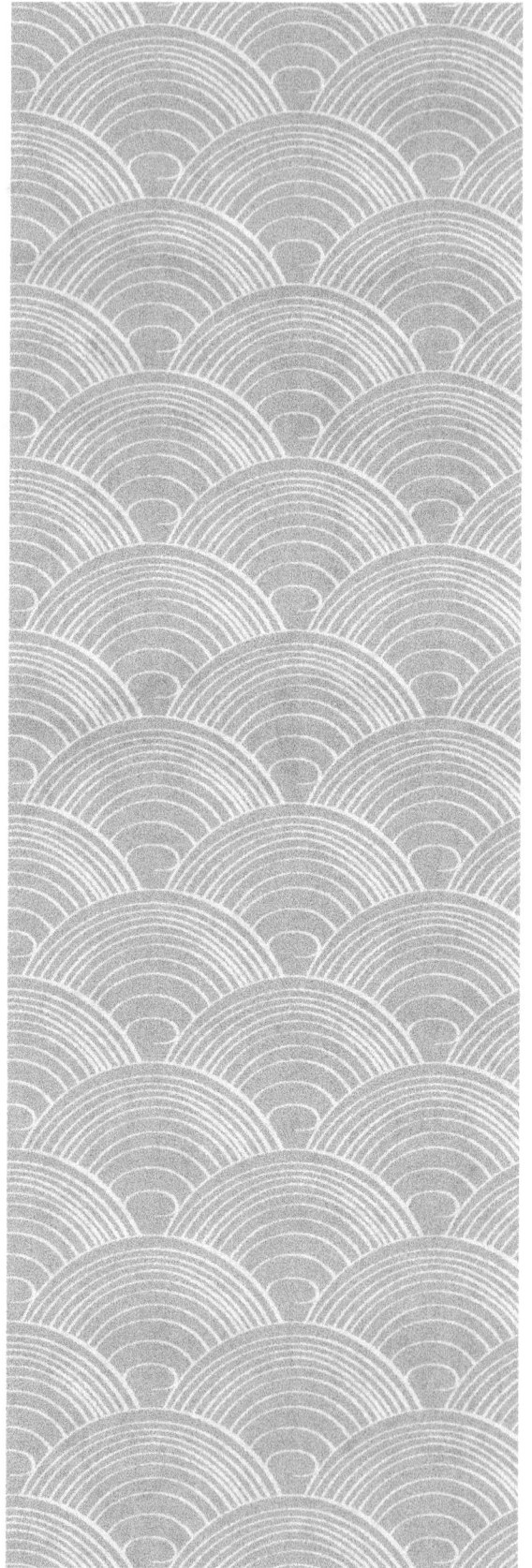

Aligerar las maletas

Por fin, un día dejó de importarme el qué dirán. Así, un día cualquiera decidí dejar atrás las marcas, la ropa cara, el verme siempre perfecta... ¡y entonces aligeré mis maletas!

Comprendí que la vida tiene muchas más cosas importantes que el hecho de traer unas extensiones de pelo que costaron 20 mil pesos, un abrigo Burberry de 30 mil pesos, que si no vas a Europa de vacaciones no son vacaciones, piojo... Sí, confesiones fuertes: así era yo... ¡aunque no lo crean, méndigas! Aunque me da pena aceptarlo, la pincheverdad es que yo era una chava materialista. ¡Materialista pero no pendeja!: nunca fui insensible al dolor de la gente pobre. Por fortuna, esta pendejez me duró poco. A mi favor diré que en la adolescencia todos somos medio pendejos; ni modo, es parte de ir madurando.

¿Cuándo se me pasó esta etapa? Ya lo recuerdo: cuando empecé a trabajar en un despacho de abogados muy pedorro, de esos que son tan elegantes que puedes comer en los baños. Era un excelente despacho donde todos los abogados eran ricos y *nice*. Contrataban a pasantes "nice". ¡Obviamente yo era la excepción! Tal vez porque soy blanca y de ojo claro me aceptaron… No, no es verdad; mi papá era amigo del mero mero del despacho; por eso logré entrar. Estuve ahí dos años y no niego que me divertí muchísimo; ahí conocí a uno de mis mejores amigos, que, aunque hace mucho que no lo veo, le tengo un aprecio especial. Él me enseñó a litigar. Después me ofrecieron trabajo en el DIF y sin dudarlo, me fui para allá. Tuve la oportunidad de trabajar en un albergue para mujeres que sufren violencia familiar. Justo fue ahí donde empecé a tocar tierra, a desapendejarme, a darme cuenta de lo duro que es la vida, de que la realidad supera la ficción. Comprendí que si se me caía una extensión de cabello, pues en realidad era una reverenda mamada al lado de un niño o niña violados ¡por su propio padre! Si el galán no me había llamado en todo el día dejó de ser importante cuando al lado de mí había una mujer acuchillada por su pareja. Cuando salía de mi trabajo, regresaba a mi mundo color de rosa en el que un niño rico pasaba por mí en su BMW y me llevaba a cenar evidentemente a lugares caros. Un día estábamos cenando en Interlomas —una zona de la Ciudad de México donde se puede ver los contrastes de las injusticias: de un lado un club de golf que lo riegan cada 4 o 5 horas para que el pasto esté súper *cool* y del otro lado ¡¡la gente jodida sin agua para tomar!!—, en casa de un amigo suyo —no hace falta decir que estábamos del lado del club de golf—. El anfitrión tenía abierto el balcón para que contempláramos la magnífica vista; pero, eso sí, del lado de las chabolas ¡las cortinas estaban abajo! Yo —ya saben que

No quería seguir siendo una más de esa bola de borregos que usan marcas y que creen que ese México es el único que hay. No conocen la Merced, mucho menos saben de Iztapalapa.

soy pendeja pero jamás ajena al dolor de la pobreza— estaba impactada de que todos hablaban de lo bonito del club, de cómo ciertas familias bajaban en sus helicópteros y de cómo sus papis les habían cambiado el coche porque ya no era del año; en eso, dije: "eso está padre porque estamos de este lado, pero ¡qué tal los que están del otro!", y ¡pum!, que levanto la cortina de la realidad de nuestro país. "Nada que ver", dijo una barbie súper falsa que estaba en la reunión. Total, para no hacer el cuento largo, a los 10 minutos le dije al chavo con quien iba que ya me quería ir. Está de más decir que el muy culero no me volvió a llamar. Si ya sabía cómo soy, ¡pa' qué me invita!

Desde entonces supe que no quería seguir siendo una más de esa bola de borregos que usan marcas y que creen que ese México es el único que hay. No conocen la Merced, mucho menos saben de Iztapalapa.

El hecho que acabó con esa Marisa mamona fue ver a mi papá en el ataúd. Entonces comprendí que sólo se llevó su traje gris, su corbata y sus zapatos, además de la foto en la que aparecíamos mi mamá, mi hermana, mis sobrinas y yo, las mujeres de su vida, nos decía él.

No quiero decir que las mujeres que aman las marcas estén mal o pendejas; no porque es su vida, su pedo y su dinero. Simplemente no es lo mío pero acepto que un día sí lo fue, antes de que se les ocurra pendejearme más.

Las mujeres que aman
las marcas no están mal o
pendejas, no; es su vida,
su pedo y su dinero.

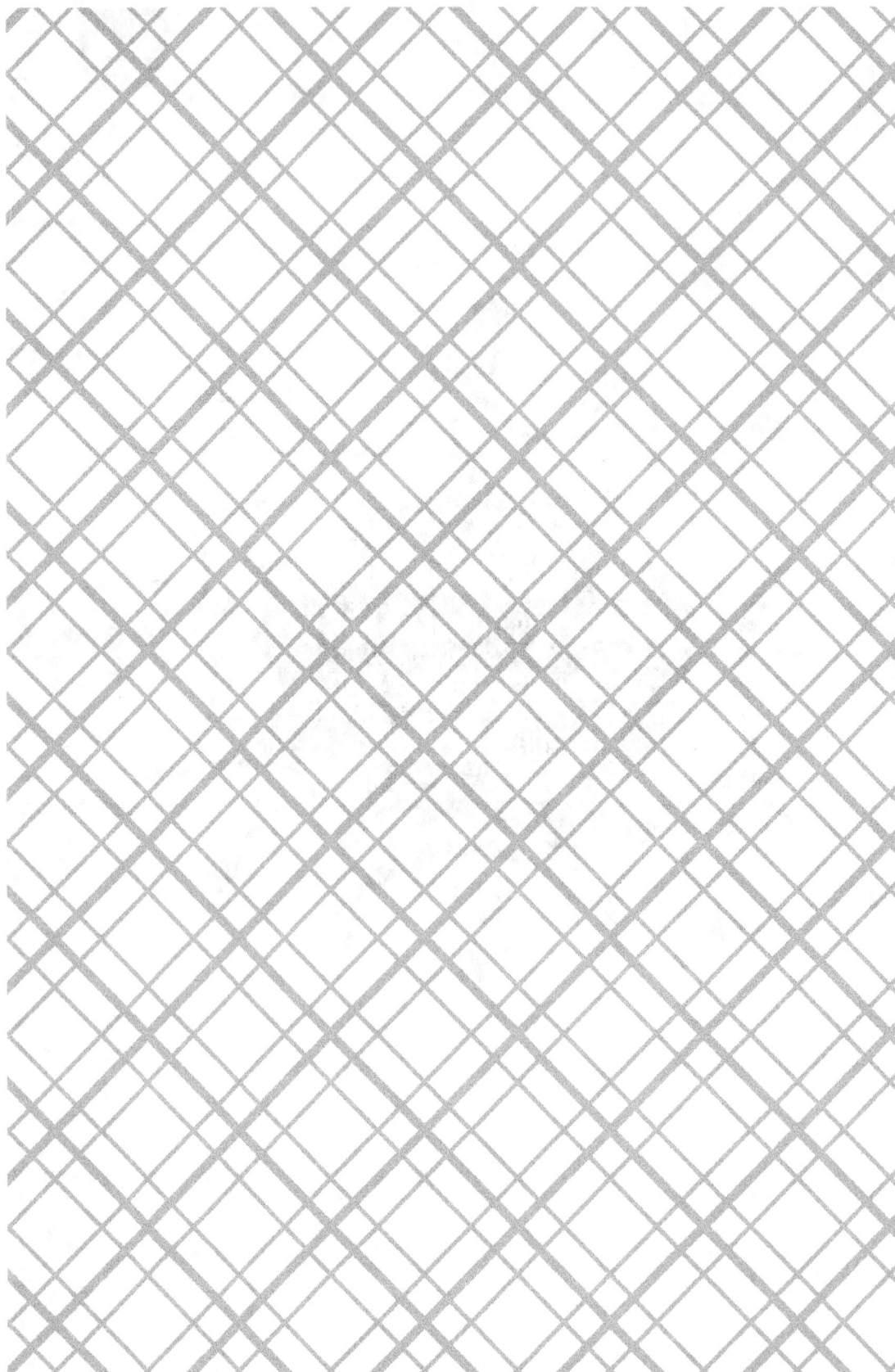

Amorodio

¡Qué extraño es el sentimiento del amor! Por ejemplo,
cuando veo a mis hijos, dormidos, siento algo tan profundo
dentro de mí, algo que causa un vacío inexplicable. ¡Es eso
que llamamos amor; eso que te deja sin respiración! Cierro la
puerta de su recámara y agradezco a la vida ser mamá. Pero,
por otro lado, en la mañana tengo que corretearlos para
que me hagan caso; se empiezan a pelear porque quieren el

mismo plato verde de Hulk; no se apuran a lavarse los dientes a pesar de que se los pido miles de veces; no se apuran a vestirse… En esos momentos el vacío llamado amor se convierte en ¡una total furia loca! Ese par de seres humanos pasan de ser unos angelitos a unos demonios descarriados. Es cuando digo: "Marisa, eres pendeja pero no golpeadora. A tus hijos les gusta jugar. Te vas a relajar. Cierra los ojos. Cuenta hasta diez…", voy en nueve y medio, abro los ojos y el guapito y la guapita están a punto de conocer la ira vuelta Marisa, pues no se han puesto ni siquiera un calcetín…

¡Es eso que llamamos amor; eso que te deja sin respiración! Cierro la puerta de su recámara y agradezco a la vida ser mamá.

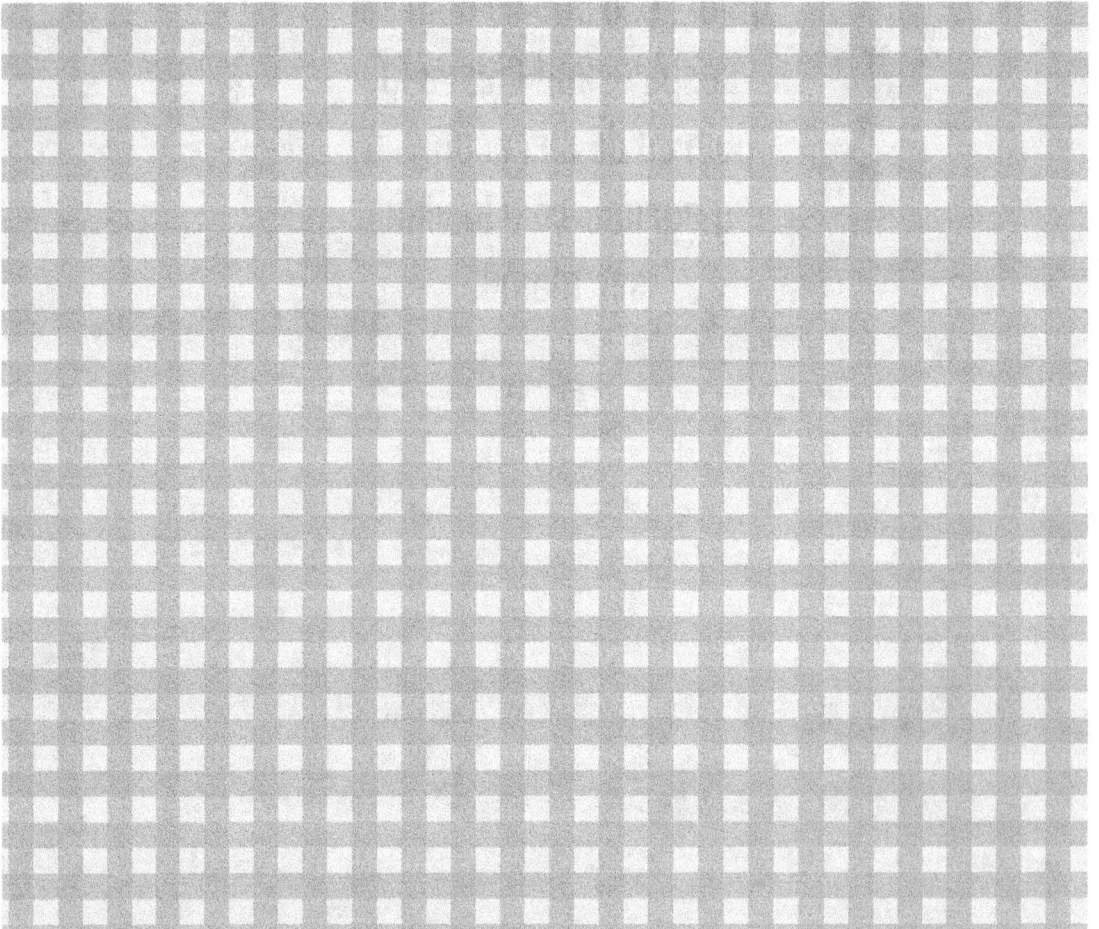

Basicotes

Jamás he logrado entender por qué los hombres son tan básicos. Con un control de televisión, una chela y libertad para rascarse los huevos ¡están felices! La siguiente escenita suele pasar (muy seguido) en mi casa:

—Guapa, vente a ver la tele.

Y yo, que ya saben que soy pendeja pero buena esposa —diría abnegada pero nadie me lo creería—, llego al *tv room*..., no seas mamón..., al cuarto de la tele y ahí está mi marido, sin playera, mostrando su cuerpo "atlético" con los bóxer a medio subir y la raya de las nalgas asomándose; el control remoto en una mano y con la otra rascándose los tompiates —lo de la chela no es muy común, la verdad; porque soy pendeja pero no mentirosa: el Guapo no bebe en

Jamás he logrado entender por qué los hombres son tan básicos. Con un control de televisión, una chela y libertad para rascarse los huevos ¡están felices!

casa… pero afuera ya luego les cuento, ¡jajajaja!—. Me siento con la expectativa de que veremos una película; ¡pero no! El Guapo cree que está con un videojuego: le cambia tan rápido de canal que no veo nada, sólo colores. No me da tiempo ni de parpadear. Lo que me impresiona es cómo puede cambiarle tan rápido de canal, cómo logra mover el dedo pulgar de la mano derecha para pulsar el control al mismo tiempo que el de la mano izquierda tan despacio para rascarse las bolas. Por eso me atrevo a decirle:

—No mames, cielo, déjame algo.

Me contesta sin dejar de cambiarle y sin dejar de rascarse:

—Guapa, es que no hay nada.

—No mames, cabrón, no es que no haya nada; más bien es que no le dejas a nada.

Después de 30 minutos de qué ver y no ver opto por irme porque, además de que estoy por quedarme bizca, ¡ya me huele el pelo a caca gracias a la cantidad de gases que se ha aventado! Le dije:

—Ya mejor me voy al cuarto.

Y me responde el muy cabrón:

—Ya, ahora sí ya va a empezar la peliculaza que vamos a ver.

Miro a la pantalla y se trata de algo así como *Star Wars*, *Aliens*, *Cowboys vs aliens*... ¿Con esas mamadas cómo? ¡No hay manera! Me dio la estocada final para evidentemente huir al bosque e irme lo más lejos posible. Si decido quedarme, estoy jodida porque no me hará caso si le pregunto:

—Cielo, ¿qué dijo?

No contesta.

—Cielo, ¿quién es ese? Me perdí. No he visto ninguna de las 234892 *Star Wars*.

No contesta.

—Cielo, ¿me oyes...?

No contesta.

Pero eso sí, se sigue rascando los huevos el cabrón.

—Cielo, ya no te tires más pedos, por favor.

Ahí sí contesta:

—Guapa, ni huelen.

—No huelen para ti, pero pa' mí sí. Cada uno con el olor a tus cacas.

Total… que ver la tele románticamente como ocurre en las películas no es verdad, porque ahí ni se tocan los huevos ni se pedorrean.

Total... que ver la tele románticamente como ocurre en las películas no es verdad, porque ahí ni se tocan los huevos ni se pedorrean.

Batallas

Las mujeres casadas batallamos con los maridos. Si no tenemos maridos batallamos con los novios; si no tenemos novios batallamos con cualquier ente que tenga dos pelotas y un pepino colgando. Con los hombres se batalla no importando la relación que uno tenga con ellos. Es que así es la vida: los amamos pero los odiamos.

Yo, por ejemplo, de 6:30 am a 9:30 pm ¡¡¡odio a mi marido!!! Lo quiero matar cada 30 segundos, pero a esa hora de la noche en que nos acostamos y me abraza, parece que ya se me olvidó que lo odio, que ya no lo quiero matar.

Pero…

9:31 pm me dice: "Guapa, ¿me subes un cerealito?

9:36 pm: "Guapa, antes de que te vengas a acostar, ¿me pasas un agüita?

9:39 pm: "Guapa, un último favorcito: ¿pones mi cel a cargar?"

¡¡¡PUTA MADRE!!! ¡¡¡Lo vuelvo a odiar!!!!

Ser mujer es una chinga y aguantar a los hombres, más.

Ser mujer
es una chinga y
aguantar
a los hombres,
más.

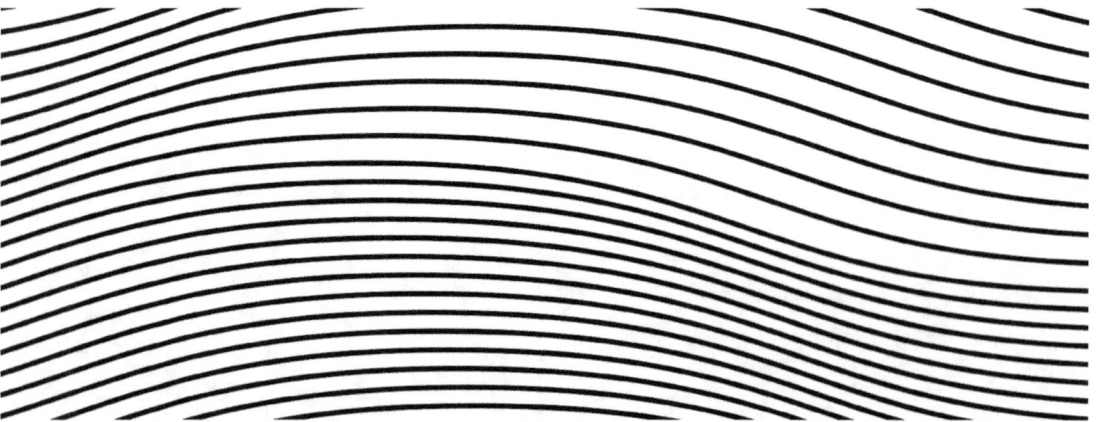

Justicia divina

¡¡Es increíble cómo joden las moscas cojoneras!!, o sea: los hombres, ¡¡en especial los maridos!! Por ejemplo, no tienen ni puta idea de conjugar bien los verbos.

—Guapa, ¿te late si comemos pasta?

—¡Ok!

—Mira, la *hacemos* con salmón y un poco de salsa de la que *hacemos* con crema.

¡¿Perdón?! Cabrón, eso de "hacemos" es nada más de dientes para afuera. En realidad sería: "Guapa, *haz* de comer pasta de esa que haces con salmón y crema, porque es lo que a *mí* se me antoja." Eso sería más honesto y los verbos estarían perfectamente bien conjugados.

—Qué tal, guapa, si vamos al súper.

Y ya saben que soy pendeja pero obediente.

—Sí, vamos.

Llegamos al súper y la mosca cojonera te dice:

—Voy a ver unas cosas.

—¡Noooo mames!, ¿qué cosas?

—Aquí ando en lo que tú compras, es que yo me aburro.

—¿Qué piensas, cabrón?, ¿que yo ando feliz escogiendo el aguacate o tocando los jitomates para ver si no están podridos?, ¿que me encanta olerle el culo al pollo para ver si está fresco o es mi fascinación comprar el cloro, el Ajax, el detergente? También me aburro, pero ni pedo.

—Aaaah, es que tú eres mejor en eso que yo...

O esta infalible:

—Maneja en lo que yo hago llamadas.

—¡Uta madre! Si se trata de hacer llamadas, yo le llamo a todas mis amigas y tú llévame de San Antonio a México; verás que hago más llamadas que tú.

Sólo que ya saben: pendeja, pero mandilona.

¡¡Así que aunque las moscas cojoneras conjuguen mal los verbos, se aburran en el súper, quieran que les manejemos, pos son buenos y los queremos!! ¡¡Pero hay un Dios que todo lo ve y en algún momento nos hará justicia dándonos uno más joven y cumplidor!!

¡¡Es increíble cómo joden los hombres, en especial los maridos!! ¡¡Pero hay un Dios que todo lo ve y en algún momento nos hará justicia dándonos uno más joven y cumplidor!!

CONTACTO VISUAL

Hoy una amiga me dijo:

—Si tu hijo se porta mal, tu "eye contact"…

¡En español, chingada madre! Es que a las mexicanas que viven en el gabacho les gusta mezclar las *words*… ah, ¿no, verdad? ¡Les gusta mezclar las palabras!

—Perdón, amiga, se me olvidó que no sabes inglés.

A ver, pendeja: *eye contact* sí sé qué significa. Nada más que #MeCaga que se hagan las *fashion* hablando así. Más bien parecen idiotas. En fin, me dijo:

—Si tu nene —¿nene?, no seas mamona; se dice niño, chamaco, escuincle, cabroncito, moco, etcétera, pero ¿nene?, #NoSeasMamón— está haciendo berrinche o portándose mal, tu *talk with him* y haz *eye contact*.

¡En español, chingada madre!
Es que a las mexicanas que viven en el gabacho les gusta mezclar las *words*... ah, ¿no, verdad? ¡Les gusta mezclar las palabras!

—¡Y yo por qué!

Pues se quedó de no seas mamón, ¡cuánto sabe esta vieja! Al llegar nuestros hijos, el de ella empezó a hacer berrinche y le dijo:

—Mike, *please look at me*.

¡No mamar!, el Mike parecía que se llamaba Romualdo y ella decía:

—Mike, *eyes contact*.

Y el macaco del demonio parecía que le decían: "Romualdo, tírate al piso y ¡¡haz contacto visual con tu culo!!" Yo les juro que trataba de no reírme pero me imaginaba con toda claridad el *culo contact*.

Estoy de acuerdo en que a los hijos no se les debe pegar, pero no chinguen, ¡la chancla y un grito nunca están de más!

Mi hijo y yo nos fuimos, y Mike seguía haciendo *culo contact*.

#NoSeanMamonas con las nuevas técnicas de "tú mandas, hijo; tira todo, mi chiquito. Eso es creatividad. Sé libre, exprésate gritando y miéntame la madre para no lastimar tu autoestima". Agarras la chancla, le das un soplamocos y ni soy tu amiga ni eres creativo y a ¡chingar a su madre!

#NoSeanMamonas con las nuevas técnicas de "tú mandas, hijo; miéntame la madre para no lastimar tu autoestima". Agarras la chancla, le das un soplamocos y ni soy tu amiga, ni eres creativo y a ichingar a su madre!

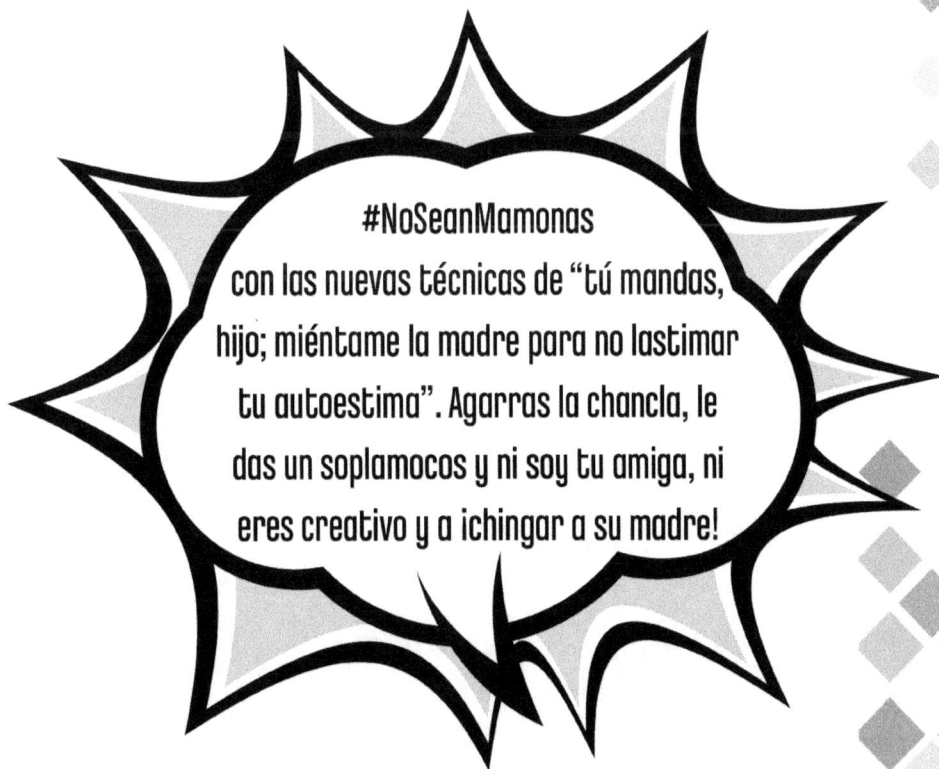

6 razones por las *que ser mujer es una chinga*

La vida no es justa y a seis razones me remito:

1. Día de la boda

Ellos: visten con pantalón, camisa, corbata y bóxer cómodos ¡¡para que los huevos los traigan frescos!!

Nosotras: vestido de novia con corset (para disimular la timba), medias, velo, liguero, calzón rajaraya y, pa' acabarla, zapatos de tacón que con un paso en falso ¡¡pierdes los dientes!!

2. Un día en la luna de miel

Ellos: se ponen su traje de baño y otra vez traen fresco el mondongo.

Nosotras: bikini de "no mames me aprieta las nalgas" y además tengo que sumir la panza; sin olvidar que una tiene que aventar los hombros hacia atrás para que las chichis se levanten porque la gravedad no perdona.

3. Día del nacimiento del bebé

Ellos: viendo la TV con una coca de dieta en la mano.

Nosotras: con el hoyo dilatado a 9 centímetros.

4. Llega el bebé a casa

Ellos: duermen.

Nosotras: con la cola cosida, nos levantamos para pegarnos al niño a los pezones ¡¡agrietados de tanta succión!!

5. Las tareas escolares

Ellos: "hijito, que te ayude tu mamá; yo estoy muerto porque el día en la oficina estuvo muy duro".

Nosotras: hacemos la tarea con el chamaco porque el huevón del papá no les ayudó; aunque ellas hayan estado en la oficina o en la casa de ¡¡cenicientas!!

6. La noche de pasión

Ellos: ¡¡se quitan el bóxer y sacan el equipo sin más espera!!

Nosotras: si no nos depilamos antes de ese momento, tenemos que correr al baño a depilarnos en seco aunque se nos caiga la piel a pedazos; nos lavamos la trompa; nos cambiamos los calzones de matapasiones por los de hilo dental… ¿para qué? Para que cuando llegues a la cama para una noche loca de pasión ¡¡¡el muy hijo de su puta madre ya esté dormido!!!

¿No les digo?
La vida no es justa
y ¡¡ser mujer
es una chinga!!

Nos cambiamos los calzones de matapasiones por los de hilo dental... ¿para qué? Para que cuando llegues a la cama para una noche loca de pasión ¡¡¡el muy hijo de su puta madre ya esté dormido!!!

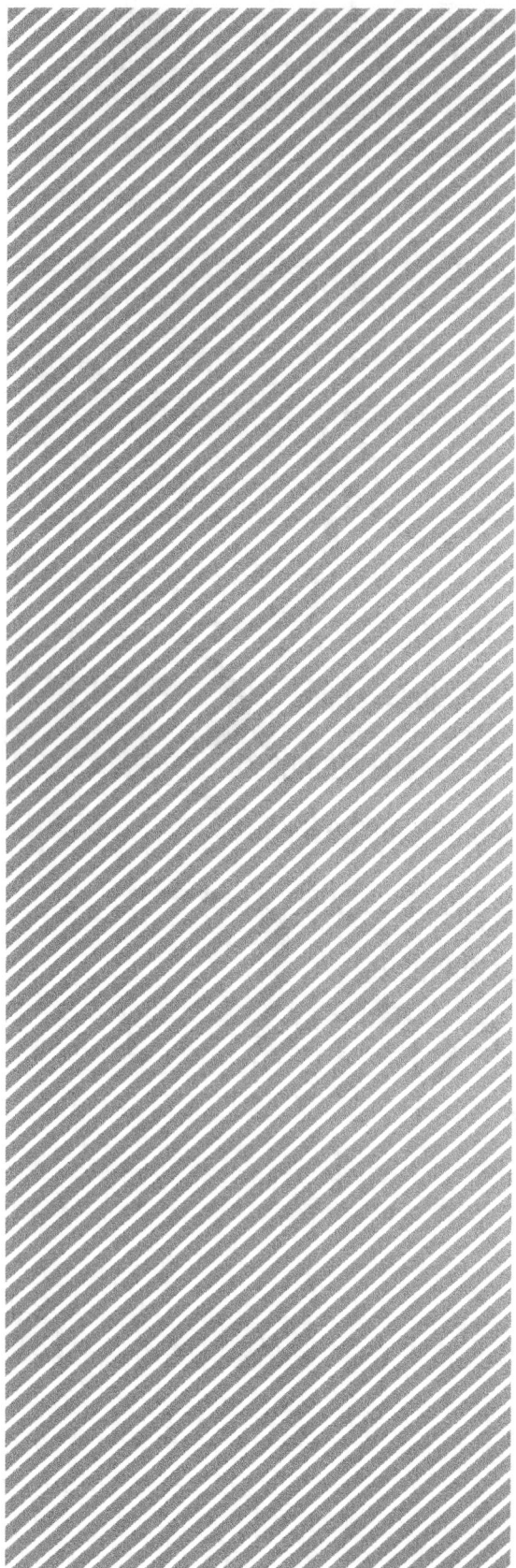

Dos cosas perfectas

No se vayan a reír. En serio les digo que los maridos ¡¡son algo único!! El mío, por ejemplo, ronca más allá de lo inimaginable. Nomás para que se den una idea: un concierto de Café Tacuba, Banda el Recodo, Pepe Aguilar, el Mariachi Vargas, la Sonora Dinamita y Paquita la del Barrio, cantando al mismo tiempo diferentes canciones, ¡¡tienen más armonía que los ronquidos de mi marido!! Por eso le doy de codazos cada 16 segundos. ¡En serio! Cuento 16 segundos y ¡pum!, un putazo, porque pienso que se va a ahogar, ya que padece de apnea. La neta, a veces pienso: "mejor no le doy el putazo y ya si deja de respirar también deja de roncar el hijo de la chingada", jajajajaja.

El Guapo no puede hacer dos cosas a la vez...
NUNCA.

Yo: ¿Me ayudas a bajar el súper?
Guapo: Me estoy cagando.

Yo: ¿Me ayudas a cocinar?
Guapo: Uy, vengo sucio de la calle; mejor tú sola.

Yo: ¿Me ayudas con los niños?
Guapo: Híjoles, ahorita no puedo; estoy fritinguis.

Yo: Viste y arregla a Rafael.
Guapo: ¿Ahorita? No puedo, me voy a bañar.

Yo: ¿Llevas a los niños a la escuela?
Guapo: Tengo tarea. Mejor mañana, ¿sí?

¡¡Nunca puede hacer dos cosas a la vez, como pudieron darse cuenta!!

Ah, es huevón pero no pendejo: roncar y dejar de respirar ¡siiií! ¡¡Esas dos cosas las hace perfecto!! Aaaaah, lo que

no les he contado es que en realidad puede hacer una tercera más, increíble pero cierto: ¡dormido logra hacer más de
una cosa! Ronca, deja de respirar y gira instrucciones:

—Guapa, ya deja el celular, date cuenta de que ya es de
madrugada.

¡¡NO MAMEN, SON 10:30!!, ¿y ya es la madrugada?

Ser mujer es una chinga pero más ¡¡cuando tienes que
aguantar a un cabrón en tu cama roncando y dando instrucciones!! ¡Puta madre! ¿Qué pecado cometí?

Ser
mujer
es una
chinga pero más
¡¡cuando tienes que
aguantar a un cabrón en
tu cama roncando y dando
instrucciones!! ¡Puta madre!
¿Qué pecado cometí?

El día de la boda y la luna de miel

¡Uta madre! Aquí otra vez nos toca las de perder. ¡Qué tal el *che* novio que está listo con únicamente la camisa, el pantalón, los calcetines y los zapatos! Cómodo, muy cómodo el cabroncito. En cambio, chínguese una que debe llevar:

- un vestido que te quita la circulación
- zapatos que si das un paso en falso te rompes hasta la coronilla y te quedas sin dientes
- medias que te aprietan las piernas y te acaloran hasta la cola
- maquillaje que si sudas se jode y si lloras ya se chingó todo
- peinado que lleva tantos pasadores como si fuera la corona de Jesús
- y ya ni hablemos del velo que es un coñazo: todo mundo te lo jala a la hora de las felicitaciones.

Chínguese una...

¡Qué tal la luna de miel! A ellos les basta con dos shorts, una playera, chanclas y traje de baño. Nosotras hasta el molcajete cargamos, chingaos...

cremas para:

- ✔ depilar
- ✔ para las manchas
- ✔ para las manos
- ✔ para las plantas de los pies
- ✔ para las arrugas
- ✔ para las papujas
- ✔ para las patas de gallo
- ✔ para la papada
- Toallitas para despintarnos
- Banditas para quitar los puntos negros
- Zapatos de distintos colores
- Shorts de todos los colores y texturas
- Diferentes playeras para todas las ocasiones
- Collares que hagan juego
- Aretes de moda (dos o tres pares para que en las fotos no nos veamos igual)
- Bras con tirantes, sin tirantes, blanco, negro, con copa, sin copa, con barilla, sin barrilla...
- Barniz de uñas para darnos un retoque en caso de que se nos despinten
- Limas por si se rompe la uña

Para el paseo ellos agarran su cartera y tan tan. Nosotras en la bolsa cargamos:

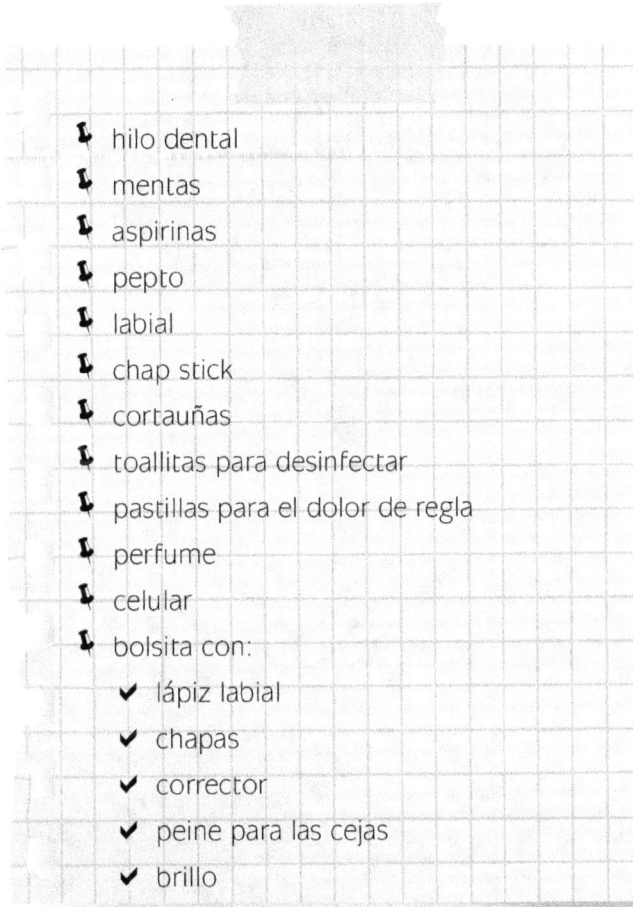

- hilo dental
- mentas
- aspirinas
- pepto
- labial
- chap stick
- cortauñas
- toallitas para desinfectar
- pastillas para el dolor de regla
- perfume
- celular
- bolsita con:
  - lápiz labial
  - chapas
  - corrector
  - peine para las cejas
  - brillo

Ahí andamos caminando con el hombro hecho pedazos pero la bolsa la llevamos con todo por si se ofrece.

Ser mujer es una chinga y, para quien diga que no, a las pruebas me remito.

Ser
mujer es
una chinga y,
para quien diga
que no, a las
pruebas
me
remito

1 día

de nuestras vidas

No es que nosotras no queramos a los hombres. ¡Claro que los queremos! Pero la verdad son como moscas cojoneras: ellos todo el día nos andan tocando los cojones porque el chiste es joder. Por ejemplo, por fin acabo el día, evidentemente hecha un trapo por las miles de actividades que hago por ser ama de casa con hijos, con marido y con perros. A las 8 de la noche ya estoy como la llorona, pero en vez de "ay, mis hijos", aplica el "ay, quiero mi cama". En eso se oye lo que ninguna mujer quiere oír: el mote que el marido nos pone para decirnos cosas lindas y para pedirnos un favor. En mi caso sería el "guapaaaaa"; a esa hora ya no quiero escuchar el guapa porque ya me siento tan cansada que estoy a punto de convertirme en Chucky. Los pelos se me empiezan a erizar, la voz empieza a cambiarme, las manos se me cierran, reencarnan en mí todos los demonios iy se oye el tonito que odio del "guapaaaa" que ya a estas horas es como si me mentaran la madre. Digo: "sí, cielo, dime" y el muy cabrón sale con: "un favor, ¿me subes un cerealito?", y es cuando me pregunto por qué chingada madre me lo pide ahora que acabo de subir de la cocina; él nada más hace su cara de ups! Sorry!, y ahí tienen a su pendeja bajando por el cerealito toda encabronada; todo sea por el marido y enton- ces subo se lo doy y me dice: "perdón, guapa, te lo ruego, de verdad ya el último favorcito: ¿me subes una agüita?". Entonces sí me sale el monstruo porque ya estoy agotada y me voy como hilo de media: "iqué chingada madre quieres! Ya quiero acostarme pero no puedo pues aquí estoy de pen- deja trayéndote tu cerealito y tu agüita", y me responde: "no entiendo, en serio no entiendo por qué estás de tan mal hu- mor. ¡Qué bárbara, qué mal carácter! En la noche te pones muy de malitas"; "ipues qué esperabas, cabrón! Desde las 6 de la mañana estoy de pie; hago todo y además hasta un plumero traigo metido en el culo para ir limpiando el polvo, así no desperdicio ni un minuto de mi tiempo". "¿Tú crees,

No es que nosotras no queramos a los hombres. ¡Claro que los queremos! Pero la verdad son como moscas cojoneras: ellos todo el día nos andan tocando los cojones porque el chiste es joder.

guapa, que yo no me canso en la oficina?" "Pues por eso, si estás cansado, ya no me hables, cabrón; cierra el hocico que también se te cansa." "Uy, pues qué de malitas estás."

Me dan ganas de matarlo al cabrón. Si todos los maridos se pararan la chinga que significa un día de nuestras vidas, se morirían los desgraciados.

TENIS Y ÷ZAPATOS÷

La vida de ama de casa no es nada fácil. Por poner un solo ejemplo, un viernes: una en vez de coger se pone a arreglar el clóset del marido.

Si a mí me dieran a escoger entre ser Miss Mundo o el Mago Merlín, evidentemente y sin dudarlo preferiría ser este último porque ¡qué tal que las escobas se mueven solas! Bastaría con aplaudir y las escobas en chinga a barrer. ¡Uta, eso sería llevar una gran vida! En mi casa, el Mago Merlín es mi marido, porque mientras yo arreglo su clóset, él se saca los mocos. El problema con el ajuar del Guapo es que ya no cabe nada en su clóset. El cree que que si mete más ropa, entonces, las paredes se van a expandir como si fuera Narnia. ¡Obvio el espacio es el mismo pero sus trapitos se acumulan más! Por ejemplo, mi lindo macho tiene muchos pares de zapatos que ni usa; pareciera que estoy casada con Sport Billy.

Les cuento: tiene unas botitas cazadoras. ¡Que no mame! Él en la vida iría a cazar; se caga de miedo porque no es capaz ni de matar una mosca, mucho menos se atrevería siquiera a estar cerca de un oso. ¡Ah, pero el chiste es tener las pinches botas por si se ofrece un día cualquiera!

También tiene unos tenis Michael Jordan. ¡Uy, con eso de que es muy pinche deportista! Bueno, ¡todavía tienen las etiquetas! Le pregunto:

—Guapo, ¿para qué chingados te compraste esos tenis si ni un balón de básquet sabes botar?

Si a mí me dieran a escoger entre ser Miss Mundo o el Mago Merlín, evidentemente y sin dudarlo preferiría ser este último porque ¡qué tal que las escobas se mueven solas!

—Claro que sé, guapa, pero si salto se me lastiman las rodillas.

¡¿Entonces para qué puta madre los compró?!

¡Uta madre! ¡Tiene tenis de golf! Él argumenta que los mejores negocios se cierran en el campo de golf. ¡Nunca juega golf! Bueno, ni siquiera golfito en una fiesta infantil, pero eso sí, por qué chingados no, también tiene los palos y de la mejor marca; dice que para apantallar. El problema vendrá el día en que lo inviten a jugar, él vaya cual príncipe y no sepa ni colocar la pelota; ahí es cuando se darán cuenta de que es pura mamada y pantalla.

No faltan los tres pares de tenis para jugar tenis: para canchas de pasto, de arcilla y de tartán. ¡Vale madre de qué material sea la cancha, él tiene los tenis adecuados! Sí juega tenis... ¡una vez al año! No exagero, se los juro. Yo digo que con un par de tenis bastaría, pero no porque ¡el chiste es joder a la mujer para que acomode en dos metros cuadrados 500 pares de zapatos!

No pueden faltar los tacos, de los mejores, porque qué tal que un día cualquiera Messi o Ronaldo lo invitan a jugar futbol, pues obvio él tiene que estar preparado. No sé por qué trauma cerebral tiene la ilusión de que algún día se los encontrará y le dirán: "oye, mi Mau, vente a echar la cascarita". ¡No seas mamón! Entonces tiene dos pares de tacos: para estar al tiro.

No podemos olvidar los tenis para bici de carreras. Lo más que tiene es una bici urbana que no necesita calzado especial. ¿Saben cuántas veces a la semana usa la bici?

¡Nunca cabrones! ¡La usó para estrenarla y la colgó en la cochera!

—Guapo, estos tenis para bici los vamos a donar; tú nunca los usarás.

—Déjalos ahí, guapa. Es que estoy esperando a que haya ofertas de bicis, ya verás.

El problema es que mi marido no entiende que estos miles de pares y de mierdas las tenemos que guardar en un espacio específico. Tenemos tantas mierdas en el clóset que ya no sabemos qué tenemos. En la casa de San Antonio me volví un poco más ojete y no le ayudé en eso, para que el pinche Guapo entienda que si él no acomoda su clóset, el clóset no se acomodará solo. Es más, hubo un momento en el que mi marido se creyó el hijo de Mario Bros: saltaba todas las mierdas regadas fuera de su clóset, y yo dije: "pues bueno, si así quiere vivir, es su pedo".

Una mañana se iluminó su camino y dijo muy serio:

—Guapa, mi clóset no puede seguir así, es imposible caminar.

Yo muy seria le contesté:

—Cielo, tienes razón. ¡Arréglalo de una puta vez!

Puso cara de que quería llorar y a mí me dio un poco de pena, así que me compadecí:

—Ándale, pues, te ayudo.

Después de dos semanas más o menos hace, otra vez ya está todo tirado pero tengo la firme convicción de que poco a poco él irá aprendiendo que las medidas del clóset no van a cambiar y que tiene que ajustar su ropa y zapatos a ese espacio.

> Tenemos tantas mierdas en el clóset
> que ya no sabemos qué tenemos.

D(r)amitas

Reconozcan que las mujeres la armamos de pedo ¡por todo! ¡Uta madre!, somos más drameras que Shakespeare. Cualquier telenovela de Rosa Salvaje se queda pendeja al lado de una mujer haciéndole drama a su marido:

> Ella: ya te vi que hiciste carita porque, aunque no creas, te estoy viendo. Mejor dime que no te gusta mi vestido y ya.

Obvio que ni nos ven porque están clavados en su celular o viendo el soccer o el resumen de los deportes o *Rápido y furioso*… hacen todo menos vernos.

Él: no, yo no te vi.

Piensa: "*che* loca, ¡qué pedo con esta bipolar! ¡Ni quién la pele!".

Ella: ¡claro, claro que no me viste! ¡Nunca me ves!

Él: digo… si vi que estás muy guapa con esos jeans.

Ella: ¿jeans, CABRÓN? ¿Te parece que son jeans?

Él: pues… sí

Piensa: "no sé qué chingados sea y la neta me vale madres. ¡Estoy hasta los huevos de esta loca!".

Ella: ¿sí? ¿De verdad? ¿Te parece que esto, que tiene un hoyo entre las piernas, son jeans?

Él: bueno… 'tán chidos tus mallones.

Piensa: "me da igual si son jeans o mallones… las viejas están zafadas".

Ella: ¡qué mallones ni qué la chingada! ¡Voltea, voltea…! ¡Que me veas, carajo!

Él: te estoy viendo… Está chida tu cadena.

Ella: ¡puta madre! ¿De veras piensas que esto es una vil cadena? Ahora resulta que mi collar de Tiffany es una cadena.

Piensa: "este naco le dice cadena a mi collar. Híjole, ahora sí se pasó de naco".

Él: Ok, están padres tus mallones y tu cadena, ¡ya no te ardas! ¡De todo te enchilas!

Ella: no, fíjate que no estoy enojada.

Él: bueno, entonces ya vámonos.

Ella: pues ahora no voy.

Piensa: "que me ruegue este culero; ahora que sienta el rigor".

Él: bueno, si no quieres ir, está bien.

Piensa: "¡puta madre!, de la que me salvé. Esta loca se queda y yo me voy solo. ¡Ya chingué!".

Ella: ¡pues qué pensabas!, ¿que no iba a ir? Pues ni madres, CABRÓN, ¡a mí me llevas porque no creas que te voy a dar el gusto de irte sin mí!

Él: ora pues… vámonos con tu falda y tu collar de Tiffany.

Piensa: "pobre pendeja, de seguro pensó que yo era un naco".

¡Total! ¡El chiste es armarla de pedo! ¡Las mujeres somos armadoras de pedos por naturaleza!

Juré nunca ser como mi mamá

Cuando eres joven juras que jamás dirás las frases que tu mamá te enjareta. Cuando tienes 17 años dices: "qué mala onda es mi mamá, pero cuando yo tenga hijos nunca les diré lo mismo". ¡Y uta madre! Como maldición, unos años después, cuando una es madre y las chichis se empiezan a caer porque la gravedad no perdona, nos damos cuenta de que ya somos pincheiguales a nuestras madres. Yo, por ejemplo, si mi hija llega más tarde de lo que habíamos acordado, le digo: "¡Esta casa no es hotel! Aquí hay horarios." Unos segundos después, pienso: "¡No mames, juré que a mis hijos no les iba a decir nunca esa mamada y ya la dije!" ¡Qué tal cuando de joven yo pedía permiso para salir y me decían: "a las 12 paso por ti a la fiesta!". Y yo: "¡puta madre, mis hijos llegarán a la hora que quieran. Les diré que no hay pedo". Pero pasan los años y a las 12 de la noche me trepo a la camioneta, con una pijama igual a la de mi mamá, para esperar a mi hija afuera de la fiesta porque "a las 12 paso por ti a la fiesta". Nada más se sube y empiezo a joder: "Ese niño no te conviene, es un patán, ve nada más sus fachitas; es un lujurioso. ¡Si sabré yo cómo son estos escuincles!"

Cuando mi mamá no me dejaba salir con ese "patán", pensaba: "a mi hija le daré la libertad de escoger a quien ella quiera. Jamás me meteré en su relación". Cuando menos cuenta me doy, ya estoy "estokeando" su cel para ver si ya por fin cortó con el patán y cretino del novio.

Si todavía no eres mamá, ve asumiendo que serás como ella, a pesar de que ahora pienses: "para nada; o sea, cero, nunca". Te lo digo de una vez: cuando menos te lo esperes, estarás pidiendo a gritos que te regresen tu "tupper ware". ¡Entonces sí ya eres tu mamá!

Frases de mamá:

Si voy
y lo encuentro,
¿qué te hago?

Esta casa
no es hotel.
¡Hay horarios!

Aquí no es
restaurante,
¡así que te tragas
lo que hay!

¡Lo haces porque
soy tu madre
y yo lo digo!

Frases de mamá:

Cuando yo falte, ya verás que me vas a extrañar

¡Claro, para ti es muy fácil porque aquí estoy yo resolviéndote todo!

Soy tu madre: te conozco, algo tienes.

¡Un día me vas a matar de los corajes que me haces pasar!

¡No mames,
juré que a mis hijos
no les iba a decir nunca
esas mamadas y ya las dije!

A PESAR DE TODO, TE AMO, HIJO

Hijo:

Un 24 de enero me convertiste en la mujer más plena del mundo. Llegaste a darme la vida, la luz, la inspiración; eras guapo, inteligente, simpático; ¡naciste el más bello! Bla, bla, bla…

¡Hijito, estas MAMADAS sólo las dicen 800 millones de mamás; la tuya, o sea yo, no! ¡No es porque no te quiera; al contrario, te amo; sólo que te diré la verdad! Naciste parecido a un renacuajo (como nacen todos, no te angusties; sólo que yo sí lo acepto), tenías pelo por todo tu lindo cuerpecito, dejémoslo en cuerpecito (todos han estado 9 meses en agua así que todos, hijo, absolutamente todos, nacen con dedos de viejito, ojos de teporocho, uñas de gavilán… pero únicamente tu mami lo acepta). Cuando llegamos a casa, lo único que hiciste fue dormir, comer y

cagar. Eso sí, cagabas mucho
y muy seguido, por eso era un coñazo
cambiarte el pañal a cada ratito; aunque ya sabes:
¡tú madre es pendeja pero responsable! Luego empezaste a gatear a los siete u ocho meses (relájate, hijo: todos lo
hacen más o menos a esa edad; la que dice que su hijo gatea
desde los cuatro meses es porque es una mamá que no sabe
que los meses tienen treinta días y por eso piensa que sus
hijos serán unos genios). Por fin al año y un mes diste tus
primeros pasos, previo a que tu papá y yo nos quedáramos
sin espalda por agarrarte tus manitas y caminar jorobados,
para que tú no te partieras el hocico. ¡Quien sí te lo agra-
dece es el ortopedista que fui a ver en reiteradas ocasiones!
Después, cuando cumpliste dos años, llegaste al mejor lugar
del mundo: la guardería. Yo sé que tú pensarás que soy mala
mamá porque, cuando te dejé ahí, pegué de brincos y me reí
(créeme hijo que TODAS, absolutamente todas las mamás
se ponen felices por ello, sólo que hacen cara de que van a
llorar y mueven su manita diciendo adiós como si estuvieran
sufriendo. Evidentemente hijo, es una mamada: ninguna
madre sufre cuando los dejamos en la escuela).

A tus dos preciosos añitos empezaste la
magnífica etapa del berrinche, los cuales
consisten en pegar de

gritos como
loco y enojarte por cualquier
cosa que no se te cumpla (todas las mamás
odian los berrinches, créeme). Como yo soy una madre cabrona, te dejaba llorar como si fueras Magdalena, mi frase estratégica era ésta: "por mí, llora hasta que te caigas de culo, porque solaparte los berrinches sólo te hará daño cuando crezcas".

¡Las mamis que piensan que eso está mal, porque te dañará tu autoestima, se confunden! Ya verás que esos niños no tendrán cabida en ningún lado. Después de varios berrinches entendiste que eso no funcionaba y a tus tres años entendiste que no todo se puede cumplir y que la frustración es parte del camino llamado vida... ¿tú crees que yo no me emputé (frustré) cuando no me daban lo que pedía?, pues sí, y mucho, pero cuando tenía tu edad mi mamá me dejaba llorar y por eso aprendí que no todo lo que yo quería se cumplía. ¡Hoy se lo agradezco! Sigues cumpliendo años y, aunque sigues jodiendo todo el día, te amo.

¡Eso sí, créeme hijito:
todas las madres,
absolutamente todas,
daríamos la vida
por ustedes!

Si los dos tenemos ganas...

Siempre he creído que un matrimonio sólo funciona si los dos tienen ganas. Claro que el matrimonio es muy difícil, cabronas, porque se trata de dos seres humanos totalmente distintos uniendo sus costumbres, sus malos y buenos hábitos, sus mañas, sus manías, sus costumbres, los buenos y malos humores… toda esta mezcla es difícil de llevar, ¡cómo chingados no!, pero cuando hay voluntad ¡sí se puede!

Por ejemplo, el Guapo es un hombre de hoteles con aire acondicionado, no le gustan las aventuras intrépidas; más bien prefiere la tranquilidad de una terraza tomando café o, por qué no, un vino. Para él, los animales, desde una pequeña ardilla hasta un elefante, no son su *hit*. Los respeta,

pero no le gusta convivir con ellos. En cambio, ésta su pendeja todo lo contrario: amo la aventura, los animales, el río,
la playa, nadar con tiburones ballena, larguísimas caminatas
con los elefantes… ¿saben por qué estamos juntos? Porque
me ama así como yo lo amo a él.

Por eso no tengo pedos en ir a ver una película de
humor gringo que ni entiendo ni me gusta. Lo amo y por
eso vivo en un país tan ajeno a mí. Le demuestro mi amor
cuando me quedo en casa porque él está viendo (al puto)
América contra Pumas, aunque a mí el futbol me vale madres infinitas. ¡Hechos son amores y no buenas razones! Así
nos demostramos nuestro amor: unas veces cedo yo y otras
él. Nuestro amor va más allá de un "te amo"; más bien nos
acompañamos en aquellas actividades que, si bien no son
nuestras favoritas, sí son las de la pareja.

¡A vivir la vida, que
no sabemos qué día
nos cargue la chingada!
Mientras eso no pase,
amémonos a nosotros
mismos y a nuestra pareja,
familia, hijos y amigos.

Lindo pulgoso

No trabajo en una oficina. Si me preguntaran a qué me dedico, pues diría que soy chalana de mi marido. No están para saberlo pero yo sí para contarlo: el Guapo se dedica a remodelar casas y venderlas, o remodelar y rentarlas, o construye casas nuevas… En fin, él se dedica a las bienes raíces. En una de las casas se metieron unos ocupas (paracaidistas) y, pos ni modo, había que sacarlos. A este asunto iba a ir yo sola con los cargadores porque mi esposo tenía examen. Resulta que cuando yo iba de salida, en la calle me encontré a mi marido que ya regresaba a casa. Baja su ventana, se levanta las gafas de sol y dice:

—Guapa, ¿sigues aquí?

—Sí —pienso: "no, pendejo, soy un holograma que dejé por si me extrañabas; no mames.

No trabajo en una oficina.
Si me preguntaran
a qué me dedico, pues diría
que soy chalana de mi marido.

—Bueno, pues te acompaño.

—Va, vámonos.

En el trayecto, la verdad es que ni caso le hice por venir viendo el grupo de Mujeres SOS y contestándoles a todas.

—Guapa, ¿llamaste a los cargadores?

Aquí en USA, el dueño tiene que sacar las cosas de los inquilinos a la calle, aunque lleve un año sin pagar renta, y pobre de ti si las avientas: ¡uta, se arden! Así que llamamos cargadores para desalojar.

—Sí, van a llegar cuatro cargadores.

—Perfecto, guapa.

A la 1:50 en punto estábamos ya esperando a los cargadores, para que a las dos, hora en que llegaba el oficial de policía, estuviera ya todo listo.

¿Y qué creen? ¡Los cargadores no llegaron! Esto sí era un pedo porque, obvio, teníamos que cargar nosotros, y eso sí que no iba a ser posible. Mi marido me miraba con cara de "¡no mames!, qué pedo con tus cargadores". Yo me hacía la que la virgen me hablaba y me iba para otro lado.

Llegó el policía y nos vio con cara de "*what*?! Sólo ustedes dos, pobres pendejos, van a cargar" Por suerte habíamos traído a Felipe, un señor que nos ayuda en estos menesteres. Tuvimos que entrarle al quite, es decir, mi marido es el único hombre que hace un desalojo en playera Ferragamo. ¡Quería llorar por su playera nueva! Yo lloraba de la risa de ver a mi marido, pues no se ensucia las manos nunca, pero ahora tendría que levantar muebles, cortinas con pulgas, cajas, televisiones, refri, lámparas, etcétera. Su playera acabó sudada de los sobacos, su pelo empapado; es más, ¡le suda-

Mi marido es el único hombre que hace un desalojo en playera Ferragamo. ¡Quería llorar por su playera nueva!

ba hasta la nariz! Pensé: "esto es motivo de alarma porque entre Felipe y Mau no van a acabar, así que si Mau se cansa usará el famosísimo: 'Guapa, ¿nos podrías echar la mano?', y me va a empinar para que cargue, pero eso sí ni madres". Se me prendió el foco y puse un mensaje en Facebook (¡santo Feis!) a Mexicanos en San Antonio: "Se solicitan dos cargadores en 1035 West French, para ahorita mismo. ¡200 dólares por persona!" Y en chinga me contesta uno: "mándeme su cel". Me llamó y en 20 minutos ¡ya estaban dos regios listos para la cargada! Mi marido ya llevaba un rato sacando cosas y haciendo ruidos de que quería vomitar, así que le dije:

—Ya vienen dos chavos.

—¡Qué bueno!, porque ya quiero vomitar. Tengo arcadas.

—Sí, hasta acá te oí.

—Guapa, no entiendo por qué no llegaron los cargadores. ¿Les llamaste?

—Sí, les llamé y dijeron que aquí estarían a la 1:50.

—Guapa, ¡pero no entiendo por qué no llegaron! ¿De verdad les llamaste?

—Que sí —este cabrón me acaba de preguntar lo mismo hace 5 segundos. ¿Estará sordo o pendejo?

A lo lejos se ve que se estaciona el coche y salen dos *pelaos* altos, ¡¡dispuestos a cargar todo!! Se pusieron manos a la obra y entre Felipe y los otros dos sacaron todo; tardaron como hora y media pero lo lograron.

Mi marido odia los bichos, pero teníamos que estar al pie del cañón en la entrada, justo donde había más bichos; entonces le dije:

—¡Qué raro que no te piquen las pulgas! Ya maté dos en mi pantalón.

—Guapa, sé que es broma y nomás me estás jodiendo.

—¡Obvio no es broma! Esto está lleno de pulgas.

—Guapa, ya... en serio.

Y se retiró muy tranquilo. Lo que él no se dio cuenta, es que yo lo seguí con la mirada y evidentemente se empezó a revisar los pantalones y la playera; el pelo se lo sacudía una y mil veces, incluso ¡zapateaba como mariachi loco!

Esto que les platico tan rápido, me llevó casi 4 horas, y a mi pobre marido le quedó un trauma de las pulgas. Cuando él estaba viendo la tele, me llamó para decirme:

—Guapa, me pica aquí. ¿No tendré pulgas?

Veré cómo me va en la noche porque, con lo repetitivo que es, me va a preguntar 500 veces lo mismo:

—Guapa, ¿no tendré pulgas?

—Guapa, ¿no tendré pulgas?

—Guapa, guapa, guapa, ¿no tendré pulgas?

Reeducar a los changos

No cabe duda de que un marido estresa más que tres hijos enfermos en casa gritando "mamá, mami, mamita". Eso es una pendejada. Realmente lo que estresa a una mujer es un marido consentido que, cuando era mocoso, en su casa le cumplían todos sus deseos. Entonces, cuando se casa, cree que nosotras las esposas seguiremos siendo sus lacayos, pero ¡ooooooh, ni madres!, nosotras ya suficiente tenemos con educar a los cabrones de nuestros hijos: que tiendan su cama, recojan sus calzones cagados, levanten los tenis, guarden su ropa... ¿¡Y encima decirle al marido qué hacer!? ¡Pos no, cabronas! Esta pinche sociedad se equivocó si creen que tenemos que hacerla de mamá de todo mundo.

No sean mamonas, nada más eso les pido: todo hombre tiene que ser reeducado, pa que dejen de ser changos y se conviertan en hombres. Unos lo necesitan más, otros menos, pero a todos tienes que enseñarles, por ejemplo, que la tapa del baño se sube y se baja cada vez que quieren mear, para que no salpiquen; que las llaves del coche deben dejarse en el llavero de la casa, no donde se les antoje, porque al otro día salimos con la hora pegada al culo para llevar a los hijos y las llaves no aparecen. El pedo es que podrían estar en cualquier rincón de la casa, menos en su lugar. ¡Obviamente el señor está tan dormido que no sabe dónde las dejó!

Otro ejemplo de reeducación de changos: les tenemos que decir que, cuando escupan la pasta de dientes en el lavabo, tienen que doblar un poco sus rodillitas delicadas, para que no se salpique todo el espejo y quede embarrada ahí la carne que traían atorada en las muelas. Una más: que cuando coman cereal guarden la leche en el refri, porque si se queda afuera y se echa a perder, ¡al otro día parece que se convierte en asquerosos búlgaros! Y como estos ejemplos ¡hay miles!

Por eso aceptemos que cuando una se casa, se tiene que reeducar al chango que nos haya tocado por marido. Quien diga que no, es porque no tiene o porque le encanta decir que su marido es distinto a los demás. ¡No mamen! No hay marido perfecto: todos joden, unos más unos menos, pero de que joden, ¡joden!

¡No mamen! No hay marido perfecto: todos joden, unos más unos menos, pero de que joden, ¡joden!

Despedidas de soltero

¡Me encanta que los hombres salgan de despedida de soltero! Sobre todo cuando ya son chavorrucos. ¡No mamen!, los muy pendejos creen que tienen 20 años, pero su cuerpo ya no les aguanta el ritmo. Cuando llegan a la playita, a las dos horas están que ya no aguantan, porque la piel se les quemó o les duele la cabeza porque ya les dio mucho el sol. Ya en la nochecita se voltean a ver unos a otros, y no falta el osado: "¿qué onda, wey?, ¿listos para irnos por unas nenukis?" ¡No mamen, cabrones!, tienen casi 40 y toman Riopan; las mujeres que van de antro tienen en promedio 20 años. ¡Ustedes ya son unos rucos!

Pero bueeeeeno, llegan al antro y obvio piden la botella más cara para impresionar. Posan sus rucas colas con cara de "mírenme, soy un atractivo hombre maduro". Claro que los voltean a ver, pero no para ligárselos, ¡sino pa reírse y comentar: "ve esos weyes, deberían estar en el asilo"! Lo único que logran agarrar es una peda terrible. Salen del antro como arañas fumigadas. Al otro día no pueden ni moverse, mucho menos salir de nuevo por la noche, así que lo único que hacen es estar como piedras en su cama y decir que jamás volverán a tomar, que ya no están en edad, que antes aguantaban 5 días seguidos de farra, que ahora ya no... y se quejan todo el día de lo mal que se sienten.

Sería bueno que los mayores de 35 asumieran que les llegó el momento de madurar, que las despedidas de soltero ya no son para ellos. También hay que tomar en cuenta que ahora a los divorciados, si se vuelven a casar, les hacen despedida nuevamente. Entonces ahí ves a los señores de 60 años en el *table* con la lengua azul pa ver si el pájaro se les levanta, aunque sea cantándoles las "Mañanitas".

Entonces ahí ves
a los señores de 60 años
en el *table* con la lengua azul
pa ver si el pájaro
se les levanta, aunque
sea cantándoles
las "Mañanitas".

Ya dejen de aparentar, cabronas

Una mamá que NO es perfecta tiene sentido del humor y no le importa lo que opinen de ella; es bonita, patrona en su casa e hija de la chingada. Todo a la vez. Así somos, cuando entendemos que la perfección sólo es una ilusión impresa en las revistas o en las redes sociales, donde ¡todas las parejas salen felices! Así, muy chingonas ellas. No nos hagamos pendejas, lo que pasa es que practicaron 400 veces tomarse la foto, aunque en realidad ni siquiera platican; más bien

> Una mamá que NO es perfecta tiene sentido del humor y no le importa lo que opinen de ella; es bonita, patrona en su casa e hija de la chingada.

cada uno está viendo su cel y sólo hacen cara *happy* cuando la mujer le dice: "selfie"; él voltea, pone esa sonrisa ya muy aprendida y listo, ¡siguen en lo suyo!

Créanme, la vida perfecta no existe. La vida de las celebridades es mucho más cabrona que la nuestra. No por ser millonario eres feliz. ¡Basta ver la cantidad de suicidios que hay entre las celebridades! Tengo una amiga a la que su marido le pone los cuernos como un torero. Ella siempre publica con #vacacionesconmiesposo; ya saben: van a las mejores playas, los hoteles espectaculares, las piñas coladas… Si no supiera su historia, diría: "¡qué felices se ven!", pero cuando le rasco un poco y sé que su esposo es un culero. Va con ella de vacaciones una vez al año. En muchas otras, él está en "convenciones" ¡con otras mujeres! Por eso debería de publicar en redes con #vacacionesconelinfiel, pero obvio eso no ocurrirá porque ¡eso sería la vida real e imperfecta!

Por eso les digo: agradezcamos nuestra vida imperfecta porque no tenemos que cubrir las apariencias. Al final, aunque una se disfrace de burro ¡sabrán que soy perro! Aparentar es la cosa más estúpida que existe porque de todos modos de algo nos van a criticar, así que mejor ¡vivamos felices que vivir aparentando!

¡Vivamos felices que vivir aparentando!

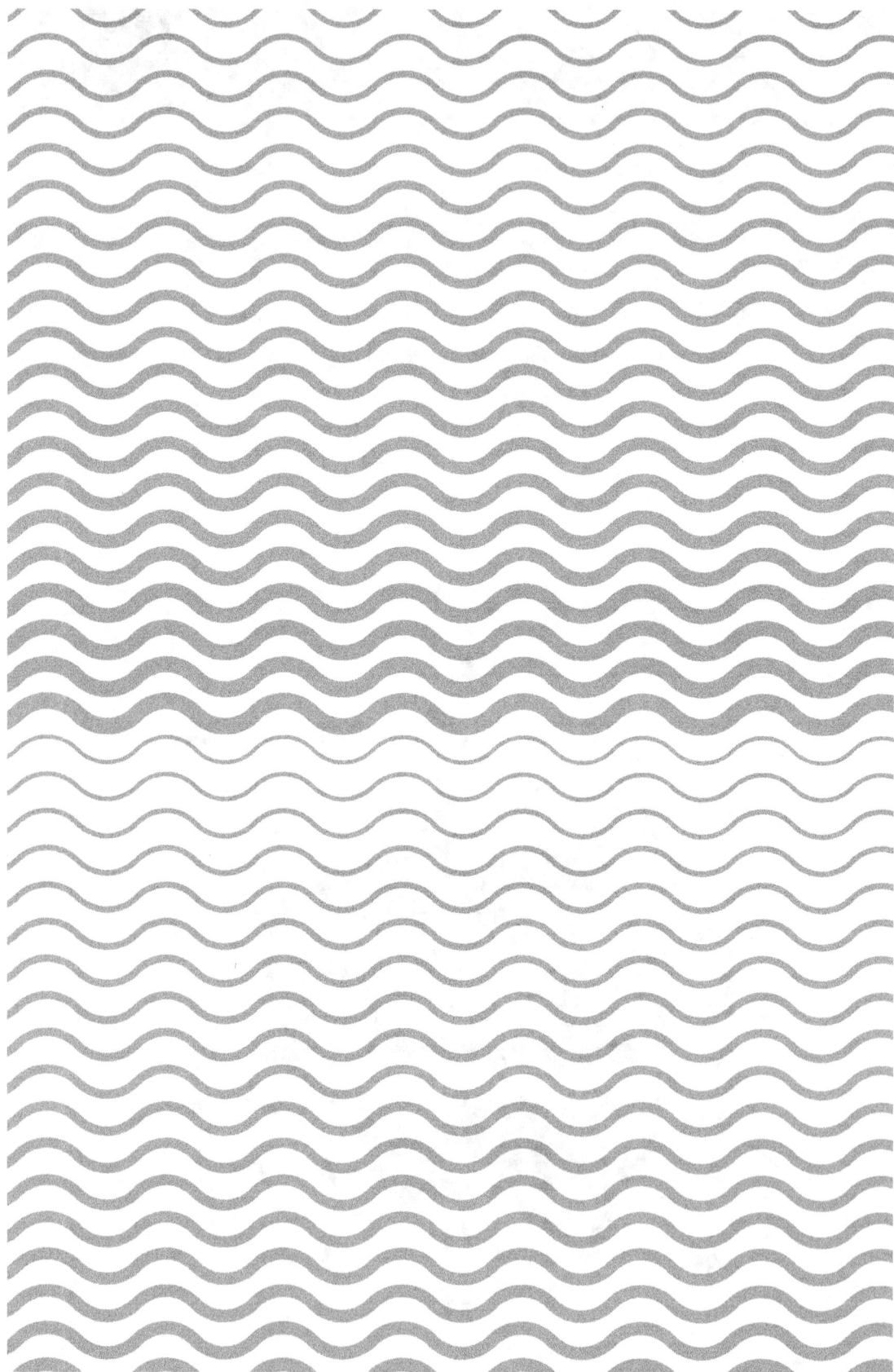

¡¿Que no hago nada?!

No falta el día en que mi marido, cuando llega del trabajo, me dice: "Oye, tú que no has hecho nada..." ¡¿Perdón, hijo de la chingada?! ¡Cómo que no he hecho nada! ¿De verdad crees, cabrón, que la casa se limpia sola o que llega un mago y a la de una, dos, tres... todo queda listo? Los maridos piensan que trabajar en oficina es más cansado; que ellos hacen más que las amas de casa. Me gustaría cambiar los papeles: una mañana ponerme mi vestimenta de ejecutiva, bajar al desayunador y escuchar: "Guapa, ya está el desayuno. Ya tengo listos a los niños. Después de dejarlos en la escuela iré al súper, y me regreso a prepararte tu comida favorita". En la oficina, el Guapo por lo menos ve a los chismosos, a los que venden productos de belleza, *tuppers*, joyería a plazos, ropa, chamarras… se entretiene, chingao. En cambio yo en la casa no veo más que la escoba, el trapeador, la cubeta, el cloro, el zacate, la mierda en los escusados, el canelazo en el calzón… Lo que mi marido se ahorra en pagar a una persona de servicio debería dármelo a mí el muy cabrón. Además le tendría que explicar que la persona de servicio no sería chofer, enfermera, psicóloga; no aguantaría todo el día a los niños ni a él. Por fortuna, ella tendría sábado y domingo libres.

No tengo descanso alguno. Sería muy feliz si por lo menos el cabrón me pagara unas vacaciones una vez al año; ¡yo sola en la playa!, disfrutando mi soledad, mi timba y mi nalga de flan. No escucharía mil veces cada 30 segundos el "mamaaaaaá" o el "guapaaaaa". Es más, tal vez sería mejor que me dijera: "hija de la chingada", pero que él solito se hiciera sus cosas, como bajar por su cena, recoger sus zapatos, lavar sus calzones… Preferiría un "hija de la chingada, te amo", que "guapa, ¿me traes una agüita? guapa, ¿me pasas el control de la tele? guapa, no tengo calzones en mi cajón"…

Pero les digo: ¡el chiste es joder!

¡El chiste es joder!

Vamos a hacernos pendejas

Me retracto de todas las pestes que he dicho del Guapo: no es que sea pendejo, más bien se hace y navega con bandera de "yo no sé, mejor hazlo tú. Te queda mejor a ti. Tú eres más buena vistiendo a los niños. Yo no sé hacerle la cena a los niños. Tú eres buenísima en ponerle los zapatos a los niños. Tú haces mejor el espagueti…". No es que yo lo haga

mejor; más bien es que este hijo de la chingada se inventa que soy buenísima en todo.

Así como es el Guapo, seguramente muchos maridos son igualitos. Hagan la prueba: váyanse tres días de viaje, desaparezcan como Blanca Nieves y verán cómo estos pequeños parásitos llamados maridos son capaces de encargarse perfectamente bien de los hijos, de llevarlos a la escuela, hacerles el lonche y la comida, llevarlos a todas las actividades que, cuando estamos nosotras, dicen que lo hacemos mejor que ellos.

Tengo una gran idea: desde mañana hagámonos las pendejas, como que no entendemos, no oímos, no vemos nada. Si el niño llora en la noche, ustedes háganse las muertas, sólo dejen de respirar por algunos minutos para que el hijo de la chingada se levante. Si pide comida, ustedes digan: "dame cinco minutos porque no me dio tiempo de hacerla". Naveguen con bandera de que no saben hacer nada y, ya es momento de que estos desgraciados se pongan las pilas, ya verán.

> Tengo una gran idea: desde mañana hagámonos las pendejas, como que no entendemos, no oímos, no vemos nada.

INSOMNIO

¡Qué chinga es el insomnio!, y más porque al lado tengo a mi macho alfa roncando como elefanta a medio parir. No sé si las elefantas barriten así cuando están pariendo, pero imagínense: si a nosotras se nos dilata 9 o 10 centímetros el útero, y ya queremos morir, a estas pobres se les ha de abrir un chingo, así que sólo de imaginarlas ya hasta apreté el hoyo. ¡Qué dolor!

¿Qué habrá pensado dios cuando creo al hombre? ¿En qué momento se desvió del camino Adán, quien seguramente no era nada feo? Pero volteo a ver a mi viejo y digo: "¡No mames!, ¿en qué punto se descompuso la genética del ADN como para que esto llegara a mi cama?" No es que no me guste, porque el Guapo está guapo. El problema es que estoy tan encabronada de sus putos ronquidos de mierda, que ya lo veo más feo que a Frankenstein. La noche avanza y ya no pienso razonablemente, ya estoy echándole la culpa a quien sea por tener que aguantar esos ruidos espantosos. Cuando tengo insomnio pienso en las cosas que NO puedo resolver y que sólo me causan más insomnio. Por ejemplo:

- ¿Luciana irá a ser buena mam
- ¿Qué estudiará? ¿Medicina, una ingeniería? ¿¡Nada!?
- ¿Cómo será Rafael a los 35 años?, ¿estará guapo?
- ¿Qué será de mis hijos?
- ¿Qué tipo de novio tendrá Luciana?

¡No mamar! Tienen 4 y 13 años como para que me mortifiquen. El chiste es que me mortifico más y duermo menos. Entre más pendejadas me pregunto, ¡más ronca el otro! Cuando logro cerrar el ojo ya son las 4 de la mañana y a las 6 ¡a chingar a su madre!: levantar a los chamacos. Suena el despertador y sé lo que es amar a Dios en tierra ajena porque nomás no me puedo levantar. Siento que no puedo ni parpadear. Eso sí, el macho alfa sólo emite un sonido:

—Guertador

—¿Qué dices?

—Des… pertador.

—¿¡Qué!?

—Que apagues el despertador porque tuve mala noche y estoy fritinguis.

¡Lleva 10 horas dormido y dice que no durmió bien! ¡Si será cabrón! En serio, el Guapo duerme como muerto. Apenas pone la cabeza en la almohada y ¡ya está roncando!

Les digo: ser mujer es una (chinga)

#YOTAMBIÉN

En la página de Lost en el Gabacho siempre recibo mensajes de
todo tipo. Sin embargo, quiero hacer énfasis en este libro de los
que recibo por parte de este tipo de hombres que siguen pensan-
do que la mujer no vale nada, que sólo la opinión de un hombre
cuenta. Lean, por favor:

> "Huevones… tu puta madre, hija de 70 vergas,
> pinche anciana cagapalos, no soy de esos
> batos, pero me caga que una puta vieja hable
> mal de un vato, como si lo único que se meten
> por la pinche panocha son los dedos, son
> lesbianas y usan una madre de plástico igual
> a una verga. Y no hay pene chico; solo existe
> un pinche agujero extra enorme."

Este es el tipo de hombre que odia el contenido de Lost en
el Gabacho porque me atrevo a decir que el matrimonio es una
responsabilidad de las dos partes, que el hombre no nos "ayuda"
sino que también es su responsabilidad realizar tareas domésticas.
No soy promotora del divorcio. Creo fielmente en la familia, aun-

que también sé que hay casos —si existe violencia, abuso, humilla-
ciones— en los que el divorcio es necesario.

Mi página es para darnos cuenta de que ni ellos ni nosotras
somos perfectos. La perfección sería de hueva. Ellos nos aguantan
mil cosas y nosotras a ellos. El día en que nos amemos con nuestros defectos y virtudes podremos reírnos de lo jodones que son,
pero por hombres como el que me mandó ese mensaje es que
estamos tan jodidos. Estos machos son los que llevan generaciones tras generaciones denigrando a la mujer, sobajándola, porque
piensan que un pene vale más que una vulva, porque piensan
que las mujeres debemos ser sólo objeto para su complacencia
sexual, que rebajan las relaciones matrimoniales sólo al acto de
coger. Por fortuna, ustedes y yo sabemos que no es así, que ese
tipo de hombres por cerebro tienen un pito, y no dan para más.

ME TOO

Vacaciones

Estamos a unas 48 horas de lograrlo. Por fin Dios escuchó nuestras plegarias y ¡¡se habrán acabado las vacaciones!! Esos... ¿cómo llamarlos?... Ok, les diré hermosos días en los que convivimos las 24 horas durante tres meses con nuestros preciosos hijos, esas criaturitas diabólicas que corren todo el día por la casa. Estamos jodidos porque se dan cuerda entre hermanos y nos enloquecen con sus pequeñas vocecitas de "mamá, ma, mami, mamita, mam, mom...". ¡Yaaaaaa!

Hijo: Ma, mi hermana me está pegando.

Hija: Mami, yo no soy; es él.

Hijo: Mami, ¿me das agua?

Hija: Ma, ¿dónde están mis tenis?

Hijo: Mamá, ya nos aburrimos. ¿Nos llevas a tomar un helado?

Hija: Ma, ¿puede venir una amiga?

Hijo: Ma, ¿me buscas mi Spiderman?

Hija: Mamá, ya tenemos hambre.

Mamá: ¡No mamen, cabrones, si acaban de desayunar!

Hija: Ma, ¿pero nos das algo así como un *snack*?

Mamá: ¿Qué quieren?

Hijo: ¡Palomitas!

Ambos: Mamá, ¿juegas a las traes? ¿Pintamos
un rato? ¿Nos llevas al parque?

¡Todo eso sólo en unas cuantas horas!, no crean que hablo de una semana completa, ¡no! Veo el reloj y apenas son las 12 del mediodía. Para mí ya es como si fueran las 12 de la noche!

Todavía me falta acabar de acomodar la casa, hacer la comida, dar de comer y lavar los trastes.

No han acabado de comer y empieza otra vez el "ma, mami, mamita, mam, mom…", ¡y apenas son las 3:30 de la tarde! Así durante tres meses.

Yo creo que las vacaciones de los niños son un castigo divino por habernos portado mal. Así es, cabronas: se portaron mal, pos diosito le mandará tres meses con sus hijos. ¡Ahora cómanselos con patatas!

Así es, cabronas: las vacaciones de los niños son un castigo divino por portarse mal.